쓰며:쉬며

쓰며 : 쉬며

초판인쇄 ǀ 2021년 11월 15일
초판발행 ǀ 2021년 11월 20일
지 은 이 ǀ 강정선, 박연주, 서현정, 신혜영, 최수진

발 행 인 ǀ 이웅현
발 행 처 ǀ 부카
편집 · 디자인 ǀ 부카
출판등록 ǀ 제25100-2017-000006호
　　　　　　대구광역시 달서구 문화회관길 165, 대구출판산업지원센터 408호
　　　　　　전화_ 053-423-1912　　팩스_ 053-639-1912
　　　　　　이메일_ bookaa@hanmail.net

ⓒ ISBN 979-11-89045-93-7

- 이 책의 내용은 저작권법의 보호를 받는 저작물이므로 무단전재와 복제를 금합니다.
- 잘못 만들어진 책은 구입처에서 바꿔 드립니다.

쓰며 쉬며

강정선
박연주
서현정
신혜영
최수진

목차

프롤로그

'쓰며:쉬며' 어때요?

- 정선   쓰며:쉬며   8
- 연주   출사표   13
- 수진   매미의 사체   16
- 혜영   글쓰기와 사우나에 대한 단상   25
- 현정   '쓰며:쉬며' 어때요?   33

조화로움을 내 세계 속에

- 혜영   ㄴㅏ만이 슈필라움을 꿈꾸다   40
- 혜영   On Air, 언니가 언니에게   46
- 현정   구텐 모르겐 퓌센 (Guten Morgan Füssen)   52
- 현정   일탈로의 초대   58
- 현정   응답하라 해적판 카세트테이프 가수들이여   61
- 정선   목소리의 어울림   66
- 정선   창작에 대한 단상   71
- 정선   직박구리의 외침   76
- 연주   줍깅의 재미   81
- 수진   공생(空生)   88

괜찮아, **다시** **시작이야**	현정	괜찮아, 다시 시작이야　92
	수진	시간을 거슬러 나 자신을 위로할 수 있다면　97
	혜영	내가 딸을 낳고 싶지 않은 이유　105
	연주	점잖은 아이　116
	연주	공주야, 연주야　121
	수진	나에게 주는 선물　127
	정선	일상의 가치와 교육　134

가족, **그 위대한** **유산**	수진	올해 가장 잘한 일 : 위대한 유산　140
	수진	남편의 우선순위　150
	수진	최악의 여행　161
	연주	나만 조급하지 않으면 이 아이는 잘 자란다　171
	혜영	육아상담을 다녀와서　175
	현정	봄이 말하기를　184
	현정	한 여름 밤의 깜짝 소동 (남녀 심리 설명서)　189
	현정	넌 그 자체로 빛나는 별이야, 널 보라해　194

'쓰며:쉬며' 의 서재	연주	나를 나답게 행복하게 하는 것　200
	연주	We're Artists!　205
	현정	시처럼 살고 싶어 글을 쓰기로 했다　209
	정선	칼 세이건의 코스모스　214
	정선	나는 강물처럼 말해요　218
	혜영	연민의 대화　223
	혜영	2030년 9월 15일의 일기　232

부 록	수진	거절　238
	현정	엄마를 부르던 너　240
	연주	나사가 풀렸을 때　243
	정선	보이지 않지만 대단해　245
	혜영	차라투스트라는 내게 말했다　249

프롤로그

'쓰며:쉬며' 어때요?

쓰며:쉬며

출사표

매미의 사체

글쓰기와 사우나에 대한 단상

'쓰며:쉬며' 어때요?

쓰며:쉬며

강정선

　이야기는 '쓰며:쉬며'를 타고 흐른다. 그들의 손끝에서 피어난 말들은 잔잔한 물결을 이루어 서로를 적신다. 꽃으로 피기까지 말은 각자의 세계 안에서 의미 없이 흩어진 존재였다. 혼란과 우울의 틈을 헤집고 태어난 말은 갈 길을 몰라 방황했다. 어디서 출발해야 하는지, 어디로 가야 하는지, 무엇을 해야 하는지 몰랐다. 하지만 우리의 방식, 쓰면서, 말은 제자리를 찾는다. 그렇게 의미가 부여된다. 빚어진 말이 각자의 세계 밖으로 나오면 더욱 선명해진다. 그들의 존재 이유와 당위성이. 그리고 방황했던 이유가. 말들은 때로는 무겁고, 때로는 가볍다. 하지만 하나하나 모두 고유한 빛깔과 질감으로 반짝반짝 빛난다. 다른 이의 말을 들여다보며, 내 말이 재정비되기도 한다. 다른 이의 말 속에 내 말을 끌어당기는 자석이 숨어 있기도 한다. 우리는 서로의 말을 끌어안는다. 우리가 마련한 시간 속으로 들어가 말들을 입으로 읊고 귀로 듣다 보면, 가슴 속에 무언가가 몽글몽글 피어난다. 이번에 피어나는 것은 말이 아니다. 우리의 말이 그 자체로 가치 있음을 느끼고 감격하는 순간, 몽글몽글 피어난다. 어여쁜 내가. 다시 피어난다.

 '쓰며:쉬며' 큰 언니의 말은 자연의 색채로 선명하다. 푸릇푸릇 초록빛과 폭신폭신 구름이 있고 싱그러운 햇살이 비친다. 언니의 세계에서 피어난 말은 아름다움과 추억과 선율을 동경한다. 진한 커피향을 풍기며 모차르트의 음악을 들려주기도 하고 저기 먼 낯선 땅 퓌센에서 자전거를 타고 낭만을 여행했던 언니의 젊은 날을 상영한다. 언니의 말은 품위가 있고, 그리움이 서려있고, 일상과 자연을 찬미한다.

키가 큰 둘째 언니의 말은 따뜻한 사색가다. 치열한 고민을 품었던 젊은 시절의 말이 시간을 견뎌 그 무게를 이겨냈다. 그녀의 말은 니체의 차라투스트라를 대면하기도 하고 헨리 데이빗 소로우를 만나기도 한다. 말은 부지런히 그리고 찬찬히 내면을 보고 살피며 의미를 그리고 이유를 갈구한다. 소용돌이 치던 갈급함 위로 천천히 태어났기 때문에 말은 진정성이 있고 따뜻하며 여유롭고 깊다.

'쓰며:쉬며'의 리더 셋째 언니의 말은 유창한 이야기꾼이다. 그녀의 말은 용감하고 진솔하고 예리하며 생생하다. 그녀의 말이 쏘아올린 번민과 고뇌의 화살은 다짐과 꿈을 실은 별로 다시 내려와 그녀를 일으켜 세운다. 그녀의 말들은 소소한 일상의 가치를 전해준다. 그래서 편안하고, 무겁지 않다. 그녀의 말을 타고 산책하다 보면, 끝에는 가족과 사랑을 만난다.

막내언니의 말은 당당한 실천가다. 줍깅을 하고, 칼림바를 연주하고, 라디오를 진행하고, 영어 그림책을 읽고, 아티스트웨이 프로젝트를 실천한다. 바지런히 삶을 일구는 말은 당당한 자신이기를 멈추지 않는다. 그녀의 말은 리듬과 라임이 살아 있고 개성과 재치가 있다. 젊은 생기가 가득한 말들은 진취적인 에너지를 뿜어낸다. 그렇게 사람들을 이어준다.

  그리고 나의 말. 내 말은 생기가 없었다. 수줍었고, 자신감이 없고, 확신이 없었다. 내 말은 다른 사람 위에 서는 것을 싫어했다. 자리를 내어 주고 들어주다보니 내 색깔이 없었다. 그저 남이 하는 대로 따라 가다보니 내 말은 마음 깊숙이 묻히기 시작했다. 세상의 기준대로 무엇인가 되기 위해, 무엇인가를 이루기 위해 발버둥 치다 보면 다 되는 줄 알았다. 그래서 나의 말은 외로웠다. 갈 곳이 없었고, 질서가 없었다. 힘겨운 싸움을 끝내고 뒤를 돌아봤을 때, 저 끝에서 꿈틀대며 세상 밖으로 나오기를 바라고 있는 나의 말들을 발견했다. 그저 알아보기만 하면 되는 것을. 그렇게 긴 터널을 지나 손끝에서 터져 나온 나의 말이 나에게 화해를 청하고 있었다. 지난 내 과거가 말로 빚어지면서 질서를 찾았다. 내 현재는 요동치는 에너지를 얻었다. 동시에 내가 피어난다. 쓰며, 쉬며,

더 깊은 자기 이해의 세계 속으로 여행하려 한다. 내 말이 나를 이끌어 줄 것이다.

강정선 / 쓰는 즐거움을 막 알아가는 중입니다. 그림책을 좋아하고 김동률과 레떼아모르의 노래를 즐겨 듣고, 피아졸라를 동경합니다. 〈코스모스〉와 〈죽음의 수용소에서〉가 인생 책이고, 작가 정유정과 은유의 말을 닮고 싶습니다. 누군가에게 인생 책이라 불릴 수 있는 책을 내 말로 번역하여 빚어내고픈 번역가 지망생입니다.

출사표

―

박연주

사방이 글감이다.

로켓배송으로 받은 택배, '다 했다, 설거지!'하고 돌아서면 꼭 그때야 보이는 식탁 위의 컵 하나, 유모차를 끌고 가다 한때 출근길을 책임져 준 급행 6번 버스를 본 순간도.

지금 내 눈에 띄는 모든 것이 내가 쓰기 시작하면 글감이 된다. '할 말이 없다, 쓸 거리가 없다'는 건 핑계고 이제 펜을 들고 있는 곳곳에 도사리고 있는 글감을 여백에 옮겨와 그 관찰기를 풀어본다. 쓰기는 말하기와 달리 상대가 내 말을 듣고 있는지 살피지 않아도 되니 나는 거침없이 써 보기로 한다. 읽는 이는 저마다의 호흡에 맞게 읽어 나갈 것이기에.

세상에 글 잘 쓰는 사람 이리 많은데 '굳이 나까지 써야 하나'하는 회의감이 드는 날이 있었다. 돌아보니 그런 날은 쓰지 않을 핑계를 찾는 날이었다. 쓰고 싶은 날에 옆에 펜이 있어야 끼적이던 사람이 펜을 사방에 두고 계속 쓰고 싶은 사람, 쓰는 사람이 되려 한다. 소용돌이치는 상념들을 흠뻑 몰입해 쓰고 나면 단전에서부터 만족스러움으로 채워지는 기쁨이 있다. 알았다. 나는 써야 후련한 사람이라는 것을.

2017년부터 약 5년을 참석해 온 독서모임이 있다. 책에 대한 토론은 차치하고 육아를 하며 어른 사람과의 대화가 절실했다. 그것이 시작이었다. 그 시간을 만난 후 더는 바쁜 남편이 얼른 집에 오기만을 오매불망 기다리지 않고 내 시간으로 하나씩 채우기 시작했다. 그 모임은 '글쓰기 모임'이라는 새로운 소모임 활동을 불러왔고 그렇게 우리는 다양한 방법을 시도하다 2021년 [쓰며:쉬며]가 되었다. 살림과 육아의 반복, 무기력함에 빠져 허덕이던 내 모습을 기억하는 사람들, 언니들이 그곳에 있다. 알고보니 우리는 무엇이든 할 수 있는 사람들이었고, 모여서 무엇이든 해내고 있었다. 혼자 썼다면 언제일지 모를 기약없는 글 뭉치가 이제는 한 권의 책이 된다고 한다.

'쓰며:쉬며' 활동을 계기로 하나하나 눈에 들어오는 글감을 놓치지 않는, 쓰지 않을 핑계를 생각하는 시간에도 쓰는, 쓰는 사람이 되기로 한다. 쓰는 사람 정말 많지만, 내 글은 나만 쓸 수 있다.

용기내자, 쓰자.

박연주 / '대체할 수 없는 사람'이 되고 싶었습니다. 언제쯤 이룰 수 있을까, 한숨만 내쉰 줄 알았는데 아이를 키우며 쓰는 글이 나를 키운 줄은 몰랐습니다. 이제는 그 꿈을 이루고 있음을 압니다. 대체할 수 없는 존재, 엄마가 되고 쓰며:쉬며로 활동 중입니다.

매미의 사체

—

최 수 진

'뿌득'

발밑에 무언가 밟혔다. 길가에 나뒹구는 매미의 사체를 밟은 것이었다. 유난히 무더웠던 여름. 종족번식이라는 제 소명을 다하고 길가에서 이리저리 밟히며 치이는 매미를 바라보았다. 바스러진 그것을 바라보며 하찮게 나뒹구는 모습이 마치 내 모습 같던 시절이 있었음을 기억해냈다.

어릴 때부터 어려운 집안 형편이었고, 내가 고3이 되던

해 부모님이 이혼하고 불행은 한꺼번에 찾아왔다. 아버지와 단둘이 살게 된 그 시절, 아버지는 갑자기 실직까지 하셨다. 세탁소 기술자였던 아버지는 10년 가까이 가족처럼 지내던 근무지가 있었다. 하지만 하필 부모님이 헤어진 그 해에 경기가 어렵다며 갑자기 실직을 통보받았고, 아버지는 낙심하셨다. 술을 입에도 대지 못하는 아버지가 소주를 마시고 잠들어 있던 그 모습이 아직도 눈에 선하다. 당장 다음 해에 막내딸을 어떻게든 대학에 보내야 했기에 아버지는 전혀 해본 적 없는 농사를 짓기 시작하셨다. 처음 하는 일이라 힘들었지만 남달리 성실하고 책임감 강한 아버지 덕분에 나는 학자금 대출 한번 없이 대학교를 졸업했다.

땅속에서 세상에 나올 준비를 하며 5년 이상을 보내는 매미처럼 나도 사회에 한 자리를 차지하기 위한 인고의 시간을 보냈다. 뚜렷한 진로도 없던 내가 아버지의 노력을 헛되이 하지 않기 위해 꾸역꾸역 대학을 졸업하고, 좋아하는 일을 찾아 커리어를 쌓기 위해 끊임없이 고민하던 날들. 마침내 직업상담사라는 진로를 찾아 국가고시 자격증 시험을 치렀고, 노력 끝에 한 번에 합격했다. 직업상담사로서 나는 직장에 다니며 나만의 꿈을 키워갔다.

그렇게 사회에 자리 잡기 위해 4-5년을 보낸 후 지금의 남편을 만났고 29세에 결혼했다. 그러다가 1년 만에 아이가 생겨 만삭 때까지 일을 했다. 아이가 태어나자 맡길 데도 없었고, 내 손으로 아이를 키우고 싶어서 일을 그만두고 전업주부가 되었다. 낮과 밤을 가리지 않고 2-3시간마다 수유를 해야해서 늘 잠이 부족하던 신생아 시기를 지나 아이가 첫돌을 맞이하고 걷기 시작했고, 말할 수 있는 단어도 많아지면서 두 돌쯤 어린이집에 가기 시작했다. 나는 2년 만에 홀가분한 자유시간이 생겼고, 그 시간에 뭐할지를 고민하다 아르바이트라도 해서 가정경제에 도움이 되어볼까 했다. 하지만 아이가 어린이집에 있는 시간인 10시에서 2,3시 정도까지 하는 일자리를 찾기란 서울에서 김 서방 찾기보다 어려웠다.

한 번은 초등학생들 학원에 교사 및 차량 등원 보조 아르바이트 구인이 있어 면접을 보러 갔다. 하루 3-4시간 근무에 일이 어려울 것 같지 않아서 전화해보니 당장 면접 보지 않겠냐고 해서 양해를 구하고 하원한 아이를 유모차에 태워 면접을 보러 갔었다. 분명 아이를 데려가도 되냐고 물었을 때 그러라고 했는데 막상 가보니 이렇게 어린아이 엄마는 써본 적이 없다며 아프거나 할 때 빠지면 곤란하다고 채용해주지 않았다. 나는 그 어렵다는 국가고시 자격증도 한 번에 취득한 나름 전문직 상담원인데, 이력서는 내밀어 보지도 못하는 경우가 허다했다. 그러다 보니 자신감도 점점 떨어졌고, 내가 이러려고 기를 쓰고 공부했나? 아버지의 피땀 어린 눈물을 바탕으로 딴 대학 졸업장이 쓸모없어 지는 것 같아 괴로웠다. 결혼과 육아로 인해 내 인생이 하찮아진 것 같은 느낌에 우울감이 왔다. 차가운 현실 앞에서 이리저리 치이고 밟혔다.

 그렇게 나는 '잉여'인간이 되어갔다. 아이를 보기 위해 일을 휴식하는 명목이었지만 생산적이지 못한 시간들이 이어지면서 나는 길가에 밟히는 매미처럼 무기력해져 갔다. 산란하고 생을 마감한 매미처럼 모든 것이 정지되고 쓸모없이 죽어있는 것 같다고 느껴지던 시간들이었다.

 매미는 제가 나온 흙으로 채 돌아가지도 못하고 아스팔트에 바스러져 있었다. 그 시절의 내가 이 매미의 사체를 보았다면 눈물을 왈칵 쏟았을지도 모른다. 무력하게 죽어있는 매미의 모습이 마치 나 같아서 말이다. 그때 난 결혼하고 갑자기 찾아온 아내, 엄마, 딸, 며느리로서의 무수히 생겨난 역할 때문에 짓눌려 있었다. 특히 아이 엄마로서의 역할만큼은 잠시의 생각할 틈도 주지 않았다. 모든 게 낯선 상황에 하나도 적응하지 못했는데, 아이는 계속 울어댔다. 마치 수영도 못하는 사람을 짠 내 나는 바닷물에 안전장치 하나 없이 던져놓은 느낌이었다. 허우적대고 숨이 막혀 답답했다. 그 세월을 지나는 동안 나는 참 많이도 울고, 후회하고, 가슴이 미어졌었다. 하지만 지금 그런 매미를 보고도 눈물짓지 않는 이유는 단 하나, 내가 성장했기 때문이다.

 힘겨운 그 세월을 지나며 나는 속 깊이 단단해졌다. 그 시절, 잉여인간으로 있고 싶지 않아 제일 처음 한 일은 바로 독서모임을 만든 일이었다. 지역 맘 카페에 글을 올리고, 육아에서 벗어나 독서를 통해 자신의 목소리를 내고자 했던 사람들이 모였고 참 좋은 인연들을 만났다.

그렇게 독서모임을 몇 년 진행하다가 나는 모임 멤버를 따라 우연히 전국주부수필공모전에 참여했고, 가작이라는 상을 받았다. 그 상은 내 인생의 대상이 되었다. 나는 그 후 글을 쓰고 싶다는 열망을 키웠고, 마음 맞는 독서모임 멤버 몇 명과 글쓰기 모임을 조직했다. 혼자만 쓰던 글을 서로가 공감하며 읽고 나누게 된 것이다. 이 소통은 내 안의 우울감을 치유해주는 약이 되었고, 세상에 다시 뛰어들 용기를 주었으며, 새로운 꿈을 꾸도록 해주었다. 심지어 어린 시절부터 나를 괴롭히던 자존감 결여의 문제를 함께 쓰고 나누며 비로소 해소할 수 있었다. 37년간의 내 뿌리 깊은 고민이 단 몇 년 새에 해결되다니 나 또한 놀랍기 그지없다. 이런 나를 치유해준 뜻 깊은 글쓰기 모임은 내게 큰 의미가 있다. 이렇게 책까지 만들게 되지 않았는가?

'쓰며:쉬며'. 그게 우리 모임의 이름이다.

좋은 씨앗이 좋은 열매를 맺듯이 저마다의 선한 열정이라는 씨앗이 모이자 우리는 서로의 인생을 좀 더 나은 방향으로 싹틔우기 시작했다. 서로의 글과 서로의 과거를 나누면서 우리는 깊이 공감할 수 있었고, 각자의 삶의 태도와 각자가 가진 이야기를 나누면서 우리는 치유되기 시작했다. 나는 이 글쓰기 모임을 통해 새롭게 하루하루 성장해 나가는 중이다.

가정에서도 나는 이제 합의점을 찾았다. 내가 맡은 엄마, 아내, 며느리, 딸 등의 각각의 역할은 해내되 완벽하려 하지 않으며, 역할에 치여 가장 중요한 '나'를 챙기지 못하는 일은 만들지 않는다. 엄마가 행복해야 아이도 행복하다는 믿음 아래 나는 늘 어제와 다른 내가 되기 위해 노력하고 있다. 그런 걸 생각하면 지금도 내 삶은 매미와 닮은 부분이 많다. 대신 지금은 발끝에 이리저리 치이는 죽은 매미가 아니라 살아서 우렁찬 목소리를 내어 우는 매미라는 게 큰 차이점이다. 글을 쓰고, 목소리를 내며 내가 살아있다! 여기 있다! 하며 울어대고 있는 것이다.

 지난날의 많은 생각들이 스쳐 지나가며 내가 밟은 매미의 사체를 다시 내려다보았다. 나는 괜스레 녀석에게 미안해져서 발로 살살 밀어 흙으로 돌려보내 주었다. 비록 묻어주는 정성까진 보이지 못했지만 그래도 너의 소명을 다해 자랑스럽다 생각하며 명복을 빌어주었다.
 매미의 소명은 종족번식이지만 나의 소명은 그게 끝이 아니라고 끊임없이 나를 상기시키며 나는 새로운 인생의 시작을 준비한다. 나의 소명은 죽는 날까지 발전하는 삶을 사는 것. 오늘보다 내일 더 나은 사람이 되는 것.
 그 소명을 늘 간직하고 살아가고 있다.

 어느 날 아침, 매미소리가 유난히 크게 들려서 베란다를 내다봤더니 매미 한 마리가 방충망에 붙어 큰 소리로 우렁차게 울고 있었다. 우리 집은 가장 꼭대기 층인데, 매미는 짝을 찾으러 참 멀리도 비상했다. 그래서인지 녀석은 목이 찢어져라 울어댄다.

우리 아이는 엄청 큰 매미가 무서운지 처음엔 뒷걸음쳤지만 매미가 인사하러 왔나 봐 인사해주자 하니 빙긋 웃는다. 어린이집에 등원하러 나가면서도 먼발치에서 작은 손을 흔들어 안녕 매미야 하고 씩씩하게 인사해준다. 나도 그 모습을 보며 매미에게 인사를 건넨다.

"찾아와줘서 고마워. 또 보자. 매미야!"

최수진 / 어린 시절 힘이 나는 건배사를 좋아했고, 기억하고 싶은 명대사를 적어 다녔습니다. 운명처럼 만난 글쓰기를 통해 삶을 이해하고 극복하며 나아가 꿈 너머 꿈을 키웁니다. 따뜻하고 가슴을 울리는 말을 사랑하고 숨김없이 진솔하게 씁니다. 쓴 글을 시어로 정리하는 것을 즐깁니다.

글쓰기와 사우나에 대한 단상

신혜영

 지난 글에서 나를 나답게 충만하게 하는 시간에 대해 쓰며 마지막에 떠올린 '사우나 타임'.
 내게 얼마나 소중한 시간이었는데, 코로나 시국이라 오랜 동안 누리지 못했더니 그것을 잊고 지냈다며, 나는 너무 애석했던 나머지 '사우나에 대한 단상'을 따로 이어가 보기로 했다. 좀 흥미로운 것은 간밤에 이 제재를 떠올려 보니 그것이 나의 글쓰기와도 꼬옥 닮아 있다는 것이다. 그래서 그 몇 가지를 한번 나열해 보려고 한다.

코로나 시국이 아니었다면, 나는 보통 한 주에 한 번 길어도 두 주에 한 번은 대중목욕탕을 찾는다. 목욕은 꼭 대중목욕탕이라야만 한다. 평균보다 긴 신장을 가진 나에게 집안 욕실의 욕조는 너무 작다는 슬픈 이유 때문이다. 따로 욕조를 개조하지 않는 이상 내 두 다리를 쭉 뻗고 만족스럽게 탕 목욕을 즐기는 일이란 어쩌면 불가능에 가깝다. 어느 영화에서 여주인공이 넓은 대리석 거실 한가운데에 있는 욕조에 누워 한가로이 거품 목욕을 즐기며 책을 읽는 장면을 본 적이 있는데, 그때 그런 생각을 했다. 좋은 집에 대한 로망은 한 번도 품어본 적이 없지만, 저런 커다란 개인 욕조를 거실이나 정원 한복판에 둘 수 있다면… 이왕이면 히노끼탕이면 좋겠고, 그런 거실이나 정원을 가지려면 관리인도 따로 둬야 할 테지.

 사지도 않는 로또에 당첨된다면 나는 그런 욕조와 그에 걸맞은 집을 가지고 싶다. 어쨌든 그것은 지금으로서는 그저 로망에 불과한 것이기에 나는 대중목욕탕을 찾는 것이다.

내가 글을 쓰는 주기도 아마 이와 비슷할 게다. 들쭉날쭉 오르내리는 감정의 포물선을 따라 참을 수 없이 배설하듯 써 내려가는 일기 글을 제외한다면, 보통은 한 주에 한 번 길게는 이 주에 한 번 정도가 글쓰기 주기로 적당하다고 여긴다. 내 몸의 묵은 때를 밀어내야 하는 주기와 내 안에 켜켜이 쌓인 묵은 감정과 사유의 찌꺼기들을 걷어내는 주기가 꼭 비슷하다는 말이다.

자욱한 증기를 훅- 들이 맡으며 목욕탕에 들어서면 나는 제일 먼저 탕 내 분위기와 밀도를 살핀다. 내가 만족하는 탕 내 분위기라는 것은 도떼기시장처럼 너무 난잡하고 시끄럽지 않으면서, 각자의 자리에서 적당히 차분한 자세로 수행하듯 때를 밀고 목욕물을 끼얹는 그런 풍경을 말한다. 같은 건물에 딸린 운동센터에서 에어로빅을 갓 마치고 나온 중년 아주머니들의 무리를 만나게 되거나, 말 그대로 물 만난 물고기처럼 신이 나 탕을 가로지르는 네다섯 살 아이들과 부딪히는 날은 속으로 뇌까린다.

'망했어 오늘은. 때나 실컷 밀고 가자…'고.

(올해 마흔인 나는 이제 중년의 나이에 접어들었고, 날뛰는 망아지 같은 일곱 살 아들을 키우고 있으니 부디 이 문장을 곡해 없이 받아들이길.)

 글을 쓰기 위해 밥상을 물린 식탁 위에 노트북을 펼치고 앉으면 나는 먼저 그날의 분위기와 감정을 살핀다. 그것은 외부의 것이 아닌 내 내부의 것을 살핀다는 점에서 사우나와는 조금 다르다. 글을 쓰기에 적당히 차분한 마음가짐과 내적 여유를 지녔다면 오늘은 뭔가 글다운 글을 쓸 수 있을지 모른다는 기대감도 가져본다. 그러나 아이 하원 시간 전까지 할 일은 많은데 마감에까지 쫓기며 글을 쓰는 날은, 내가 무슨 부귀영화를 누리겠다고 이따위 글이나 쓰고 앉았나 하는 자괴감에 빠지기도 한다. 무슨 작가라도 될 거냐는 신랑의 비아냥거림이 내 목소리로 빙의 되는 날이다.

 적당한 자리를 잡았다면, 이제 비누로 몸을 씻으며 본

격적인 탕 목욕을 즐기기 위한 워밍업을 할 차례다. 우선 때수건을 따뜻한 물에 불려두고 머리를 감는다. 준비를 마치면 타월 한 장을 챙겨 들고 일어나 꼿꼿하게 그리고 유유히 온탕을 향해 걸어간다. (온탕을 맞는 성스러운 나만의 자세이니 비웃어도 어쩔 수 없다.)

  글쓰기를 위한 나만의 워밍업도 그리 길지 않다. 식탁 위를 깨끗이 정리하고 노트북을 펼치고 따뜻한 커피 한잔을 준비하면 된다. 요즘 같은 겨울엔 식탁 아래 시린 발을 위해 도톰한 양말을 신고 가끔은 목에 목수건이나 가벼운 털목도리를 두르기도 한다. 자, 이제 글을 쓸 시간이다.

  온탕에 앉아 때를 불리는 시간은 내 짧지 않은 사우나 타임의 가장 중요한 절정의 시간이다. 우선 몸을 이리저리 돌려대며 물속에서 할 수 있는 가벼운 스트레칭 같은 동작들로 최대한 몸을 풀어 준다. (물론 옆 사람에게 방해되지 않는 수준의 동작들로) 그러다 자세를 바로잡고 앉아 어느 순간 고요히 내적 심연으로 푸욱 잠긴다. 가끔은 문자 그대로 정수리 끝까지 물속에 잠겨 보기도 하고 말이다. 그렇게 탕 안에 몸을 담그고 있으면, 내 안의 잡념들이 마치 흑백 카메라 필름처럼 머릿속을 주르륵 훑고 지나가기도 하고 그중 어떤 생각들은 제법 깊숙이 오래 머무르기도 한다. 의식의 흐름을 따라 충분한 여정을 마치고 나면 나는 이제 한결 가벼워진 기분으로 천천히 일어나 탕을 나온다. 그리고 적당히 불린 때를 이제 성실한 몸짓으로 벗겨내기 시작한다.

본격적인 글쓰기를 위해 머릿속에 있는 여러 단상과 기억을 더듬는 일은 탕 속에서의 그것과 놀랍게 동일하다. 때때로 가볍게 스치고 지나간 생각의 꼬리를 붙잡아 당겨 보기도 하고, 글감이 될 만한 여러 가지를 두루 떠올려본다. 그러나 탕 속에 있을 때처럼 마냥 흘려보내면 안 된다. 그저 의미 없는 단상들을 나열하는 것에 그치면 안 되는 것이다. 끈질기게 물고 깊게 파고들어 사유의 흐름을 이어가야 한다. 그 흐름 속에서 나의 감정을 부지런히 읽고 치열하게 사고하고 의미를 부여하는 행위. 그것이 나의 글쓰기이다.

이제 내 몸의 묵은 때를 벗겨내듯이 마음 속 묵은 감정과 사유의 흐름을 토해내고 나면 나는 곧 깃털처럼 가벼워지리라는 기대감을 안고 묵묵히 글을 써 내려간다. 썼다 지웠다 다시 읽어보고 쓰는 행위를 재차 반복하면서. 가끔 너무 답답한 날은 온탕과 냉탕을 오가며 열을 식혔다 덥혔다 하는데, 열정과 냉정 사이를 수없이 오가는 내 감정의 흐름도 그것과 꼬옥 닮았다. 비교해 써보자면 사실 끝이 없겠다.

 하지만 나의 탕 목욕도 제한 시간이 있다. 세월아 네월아 원 없이 누리기엔 내게 허락된 시간이 길지 않고, 이제 곧 아이가 유치원에서 올 시간이니 이 글도 마무리를 지어야 한다.

 묵은 때를 신나게 혹은 성실히 벗기고 나와 목욕탕 문을 박차고 나설 때 맞는 시원하고 상쾌한 바람은, 내가 굳이 묘사하지 않아도 이 글을 읽는 이들 대부분은 알리라. 머릿속을 가득 메우고 있던 감정과 사유의 찌꺼기들을 모두 걷어내고 노트북을 덮는 순간의 희열도, 글을 써

본 이라면 알리라.

 그것이 바로 내가 애정하는 '탕 목욕의 참맛, 글쓰기의 참맛'이다.

신혜영 / 세상의 분주하고 어지러운 것들로부터 내 마음을 잘 간수하는 사람이고 싶습니다. 단정한 마음으로 일상을 긷고 글을 짓습니다. 내 소박한 말들이 당신에게 온기로 가닿길 바랍니다.

'쓰며:쉬며' 어때요?

서현정

'딴딴 따라라~딴딴 따라라 따라리리 라~'

익숙한 알람이 울린다. 늘 그렇듯 몇 시인지 짐작하고 수면 모드를 유지한다. 이런 나의 습관에 맞게 세팅되어 5분 뒤 다시 울리는 소리에 순간 움찔거린다. '일어나? 말아?' 때에 따라 다르긴 하지만 새벽 알람은 그저 알람일 뿐. 눈을 슬쩍 떠 시간을 확인하고 다시 감는 경우가 많다. 여러 번 울림과 확인을 반복하며 개운하지 않은 몸을 일깨운다. 갑자기 주변이 조용하다. 이상한 분위기를 감지하고 깜짝 놀라 눈을 뜬다.

'아뿔싸. 늦.었.다.'

 후다닥 서둘러 아이들을 깨우며 분주한 아침을 맞이한다. 순간, 내가 나를 위해 갖는 시간이 얼마나 되는지 가만히 생각해본다. 의미 없이 지나간 날을 떠올리며 마음이 이끄는 대로 새벽시간을 즐기기로 하고 나를 깨우는 알람 소리에 귀를 기울인다. 바로 그 즈음 '쓰며:쉬며' 멤버들을 만났다. 쓰는 것이 쉼으로 이어진다는 것을 알게 해준 친구들.

 글로 맺어진 만남은 그 울타리 안에서 관심사가 같아서인지 처음 본 순간에도 친숙했다. 그 중 연주와 혜영은 라디오교육에서 알게 됐는데 우린 이렇게 다시 보게 될 인연이었나 보다. 혜영이 슬쩍 의향을 물어 본 멤버 충원 소식에 이끌려 '글쓰기'에 입문한 나로서는 무모한 도전이었지만 참 잘했다 싶다. 함께 하는 것만으로도 의미가 크지만, 그 안에서 각자의 역할이 찰떡같이 나눠져 꿀떡같이 이뤄지니 공동체의 일이 착착 진행되는 과정이 신기할 따름이다. 그리 오래된 사이는 아닐지라도 이제 그 일상이 궁금해지고, 잘 지내는 지 안부가 그리운 사이가 됐으니 '인연'은 여기에 쓰는 말인 듯하다.

 우리는 자유로운 주제 또는 주어진 주제에 맞게 글을 쓰고 댓글 하나에도 진심을 담는다. 멤버들의 글에 공감하고 감동하며 혼자만의 음미 시간을 거쳐 다시 ZOOM(줌)에서 만난다. 온라인 만남에도 낯설지 않았던 이유는 먼저 '글' 안에서 그녀들과 충분하게 소통했기 때문이다. 코로나19는 그렇게 우리에게 다양한 방법으로 만날 수 있는 소통의 여지를 만들어 줬고 우리는 그 덕분에 아주 자연스럽게 만남을 이어갔다. '코로나 바이러스, 너 따위는 우리를 막을 수 없어.'를 외치며 노트북 자판 위에 손가락을 열심히 움직였다. 쓰고 지우고를 반복하며 때로는 '이것이 진정 쉼이던가.' 속으로 생각하기도 했다. 하지만 인고의 과정을 거쳐 내 글이 그녀들의 목소리로 다시 탄생했을 때의 감동이란, 경험하지 않은 사람은 모를 것이다. 그 안에서 우리는 울컥하기도 하고 뭉클해지기도 하며 각자의 마음 안에 있던 문제가 해소되는 지점을 만난다.

 글을 쓴다는 것, 이것은 자신에게 솔직해진다는 것이다. 나를 누군가에게 보인다는 것은 쑥스러운 감정과 함께 내면세계를 솔직하게 마주해야하는 두려움을 일으킨다. 깊이 사유할수록 과거에서 나를 찾고 내 안의 상처와 대면한다. 그럼에도 불구하고 다독여 주는 따스한 손길이 있기에 매일 마음의 글을 쓴다. 내게 2021년은, 쏟아지는 수많은 에세이집보다 더 진실함이 담겨 있는 우리들의 글로 풍성하게 채워지고 있다. 우리는 그렇게 경험 안에서 자신을 기꺼이 보여주며 공감하고 서로를 토닥인다. 흐르는 눈물에 잠시 낭독하는 목소리가 '멈춤'의 신호를 보내면 우린 잠시 '쉼'으로 화답한다. 그리고 누군가의 목소리로 따뜻하게 보듬어 준다.

 우리는 각자의 공간에서 컴퓨터를 통해 만나지만 글에 더 집중하고 대화에 몰입한다. 이런 매력이 있는 곳에서 꿈틀대던 우리만의 이야기가 글로 나온단다. 하나같이 소중한 이야기, 함께 웃고 울던 시간을 생각하니 또다시 가슴이 먹먹하다. 온라인에서 시작했지만 오프라인에서 우리는 더 끈끈해졌다. 어제 보았던 사이처럼 서먹하지 않았던 첫 만남에서부터 매번 모일 때마다 웃음이 끊이질 않으니 각양각색의 목소리가 더 풍성해진다. 다양한 삶의 이야기를 글로 나누고 리뷰하는 과정을 통해 우리는 더 돈독해져 간다. 책이야기도 좋다. 문장이 짧아도 좋다. 있는 그대로의 마음을 표현하면 된다. 이렇게 서로에게 스며들어 '글력'을 찾아간다. 생각의 근육만큼 글쓰기의 근력을 채우며 우리는 같은 곳을 바라본다.

 라디오 소리가 또 울린다. 아침을 알리는 소리. 진행자의 목소리에 이어지는 음악을 배경삼아 세포 하나하나의 움직임에 몸을 맡긴다. 손가락을 쥐었다 폈다 하며 준비운동을 해본다. 오늘은 자판소리가 더 경쾌하게 들린다. "쓰며:쉬며 어때요?"라며 고민했던 글쓰기 모임의 이름을 짓던 때, 우리는 이렇게 책을 낼 것을 상상이나 했던가? 그랬으면 좋겠다는 꿈이 현실이 되는 순간, 나는 그녀들과 다음을 상상한다. 쉿, 아직은 비밀이다.

서현정 / 새벽공기를 맡으며 글 쓰는 것을 좋아합니다. 라디오 소리를 배경으로 책을 읽고 낭독합니다. 소소한 일상에서 느끼는 찰나의 기쁨을 글로 적습니다.

조화로움을
내 세계 속에

나만의 슈필라움을 꿈꾸다

On Air, 언니가 언니에게

구텐 모르겐 퓌센 (Guten Morgan Füssen)

일탈로의 초대

응답하라 해적판 카세트테이프 가수들이여

일상의 가치와 교육

창작에 대한 단상

직박구리의 외침

줍깅의 재미

공생(空生)

나만의 슈필라움을 꿈꾸다.

―

동네 책방 '읽다 익다'[1]에 가다

독서 모임을 다니던 책방이 이전했다. 원래 있던 곳에서 그리 멀지 않은 곳이지만 확장해 이전하는 것이라 모임 멤버들 모두 한마음으로 축하해주었다. 가 오픈일이 다가왔지만, 코로나는 수그러들지 않았고 5인 이상 규제로 인해서 모임은 계속 미뤄졌다. 오픈 소식을 듣고 단톡방에서 축하 인사를 전하긴 했지만 새 공간이 궁금하기도 하고 적적히 책방을 지키고 있을 책방지기를 생각하니 먼저 찾아가 인사를 전하고 싶었다. 마침 책방 모임을

---

1) '읽다 익다'는 대구 신매동에 위치한 동네 책방이다.

함께 다니던 명희 쌤이 같이 가보자는 제안을 했다. 다행히 바쁜 일도 끝낸 직후라 콜! 을 외쳤고 우리는 당장 그날 오후 책방으로 향했다.

이전한 동네는 잘 알고 지내던 선배 부부가 사는 동네라 길이 꽤 눈에 익었다. 이 동네가 뭔가 인연이 있구나 하는 생각이 스칠 즈음 나는 어느새 그곳에 당도해있었다. 책방은 멀리서 봐도 시선을 잡아 끌만큼 그 외관이 두드러진 데가 있었다. 일단 인도 안쪽으로 테라스가 넓게 자리해서 일렬로 쭈욱 이어지는 다른 가게들과는 분명히 구별되어 보였다. 하얀색의 제법 크고 널찍한 건물 통창 너머로 아늑하고 노란 불빛이 가득한 실내가 한눈에 들어왔다. 앞에 높게 우뚝 솟은 네모난 기둥 같은 설치물에도 시선이 갔는데, 각각 면을 달리하여 책방 이름과 작가 버지니아 울프의 책에 나오는 명구를 넣은 모습이 인상적이었다. 한참 주변 외관을 둘러보고 나니 마침 명희 쌤이 도착했고, 우리는 맞은편에 있는 마트에 들러 과일 한 박스를 사서 책방으로 들어섰다.

책방 내부는 예상했던 대로 와-하는 감탄사가 멈추지 않을 정도로 근사했다. 물론 이전보다 훨씬 넓어진 규모나 구조 같은 것 때문만은 아니었다. 따뜻하고 아늑하면서도 세련된 그 공간은 우리가 입을 모아 여러 번 말한 것처럼 딱 책방지기다운 취향이 고스란히 반영된 곳이라 여겼기 때문이다. 주인장의 취향을 그대로 반영했다고 느낀다는 것은 이제 우리가 그녀의 내밀한 취향과 매력을 충분히 알아볼 만큼 서로를 지켜봐왔고 가까워졌다는 의미이리라.

 내가 그녀의 책방을 처음 찾은 때가 작년 유월쯤이었으니 벌써 구 개월 남짓한 시간이 흘렀다. 집에서 차로 사십 분 거리의 책방 모임을 꾸준히 오간 것은 책에서 얻은 삶의 지혜와 이야기들을 나누는 따뜻한 시간이 좋아서이기도 했지만, 아마 책방지기를 만나고픈 이유도 컸을 것이다. 나는 그녀가 삶과 세계를 바라보는 깊이 있고 진지한 태도에서도 많은 걸 배웠지만, 무엇보다 사람을 대하는 진정성과 모임을 이끄는 탁월하고 따뜻한 리더십에 매번 속으로 탄복하곤 했다. 이 세계에서 참 닮고 싶은 몇 안 되는 사람인 것이다. 그런 주인장의 취향이 고스란히 밴 공간이니 내가 어찌 반하지 않을 수 있겠나 말이다.

 카페 이곳저곳에 자리한 빈티지 테이블과 책장도 멋스러웠지만, 구석구석에 자리한 소품들 하나하나 그녀의 세심한 손길이 닿지 않은 곳이 없었다. 우리는 간만에 눈 호강을 실컷 했다. 아, 공간이란 이런 것이구나, 한 사람의 취향과 체취를 고스란히 담고 있는 '공간의 맛'이란 이런 것이구나 하며 신선한 자극을 온몸으로 받아들였다.
 우리는 카페의 시그니처 커피라는 아인슈페너와 머핀을 주문하고 계산대에서 가까운 테이블에 자리를 잡았다. 그간의 묵은 수다를 한참이나 쏟아냈고, 중간에 책방지기도 합류해 지난했던 인테리어 과정과 그동안의 근황을 나눴다. 한참 고대했던 시간이니만큼 우리의 수다는 진하고, 달고, 맛났다. 깊고 풍부한 크림 위에 시나몬 가루가 솔솔 뿌려진 아인슈페너 못지않게 말이다.

새로운 공간을 마주한 날이니만큼 '공간'에 대한 이야기가 우리의 주된 화제가 되었다. 책방지기는 카페 시설물에도 적혀있던 '슈필라움(Spielraum)'이라는 용어에 관해 이야기해주었다. '내 마음대로 할 수 있는 자율의 주체적 공간'을 뜻하는 용어인데, 독일어 '놀이(슈필 Spiel)'와 '공간(라움 Raum)'의 합성어라고 한다. 휴식뿐만 아니라 온전한 자기다움을 되찾고 자신의 삶을 재창조 할 수 있는 공간을 가리키는 이 용어는 우리말로는 대체할 말이 없어 원어 그대로 사용한다고 한다. 마음껏 자신을 드러내며 새로운 삶을 꿈꿀 수 있는 공간이라니, 참으로 우리 모두에게 필요한 것이 아닌가. 그런 공간을 실재적으로 구현해내고 다른 이의 삶과 꿈의 실현에도 기여하려 애쓰는 책방지기가 참 멋지다는 생각이 또 한 번 들었다.

유학길에서 돌아와 여수의 어느 바닷가 미역 창고를 진짜 미역창고(美力倉考 : 아름다움의 힘으로 창조적 사고를 한다.)로 만들어버렸다는 심리학 교수 김정운 님의 이야기를 들으며, 그곳에 한번 가보면 좋겠다는 생각이 들었지만 굳이 가지 않아도 되겠다는 생각도 동시에 들었다. 대구에는 내가 애정 하는 '읽다 익다'가 있으니까, 그곳에 슈필라움의 좋은 본보기가 있으니까 말이다.

 슈필라움은 거창한 것이 아니라 내가 거하는 집안의 어느 작은 공간 한 켠 에서도 충분히 구현될 수 있다는 것을 안다. 읽고 쓰고 공상에 잠기고 그림을 그리고 무언가를 만들며, 누구나 자기다움을 마음껏 펼칠 수 있는 '자기만의 방'을 갖길 바란다. 그리고 그 언젠가 나도 독립된 나만의 근사한 슈필라움을 갖고 싶다는 바람도 가만히 품어본다.

On Air, 언니가 언니에게

 '빛나는 졸업장을 타신 언니께 꽃다발을 한 아름 선사합니다.' 졸업식 노래를 부르며, 언니들만 졸업하나 의아해 한 적 없으신가요?

 졸업식 노랫말에 나온 '언니'. 이 노래가 불리기 시작한 때만 해도 언니는 원래 남녀를 모두 아우르는, 자기보다 손위인 사람을 부르는 말이었다고 합니다.

 그런 언니를 불러볼 수 있는 시간, 언니들과 인생의 질문에 답을 해보는 시간 〈언니가 언니에게〉

 안녕하세요, 연주언니 그리고 혜영언니입니다.

라디오의 오프닝 멘트가 끝나면 시그널 음악인 Liszt의 피아노곡, Consolation No. 2 In E Major S.172가 온화하고 느리게 얼마간 이어진다. 이제 둘만의 큐 사인과 함께 언니들과의 대화가 시작된다.

〈언니가 언니에게〉는 연주언니와 내가 올 초부터 시작한 SCN 성서공동체라디오[2] 프로그램이다. 우리가 처음으로 낭독한 오프닝 멘트에 이 프로의 기획 의도가 그대로 담겨있다. '언니들과 인생의 질문에 답을 해보는 시간', 한 달에 한 번씩 꾸준히 우리는 그 시간을 함께 꾸려가고 있다. 수료작으로 만든 첫 방송을 시작으로 지금까지 총 아홉 번의 방송이 송출되었고, 한 달에 한 명씩 새로운 게스트와 함께 했다. 방송을 진행하는 서로를 포함하면 지금까지 총 아홉 명의 언니들을 만난 셈이다. 자칫 지루하게 흘러갈지도 모를 둘만의 토크에 풍성함을 더해줄 게스트를 끼우기로 한 것은 참으로 신의 한 수였다.

---

[2] 대구 성서에 위치한 공동체라디오 방송국. 주파수는 89.1MHz. 이주 노동자와 동네 주민들의 이야기를 담아 송출한다. 〈언니가 언니에게〉는 매월 셋째 주 금요일에 방송된다.

우리가 야심차게 모셨던 첫 번째 게스트는 마을활동가이자 환경운동가이기도 한 소영언니이다. 논공에 사는 그녀는 우리의 방송을 위해 라디오 스튜디오가 있는 성서까지 두 번이나 기꺼이 걸음 해주었다. 방송 녹음 전 사전 인터뷰를 위해 만난 날, 우리는 성서에 있는 동네 책방 나들이를 하며 커피를 마시고 밥도 먹었다. 책방과 카페 사이에 자리한 놀이터에서 따땃한 볕을 쬐며 푸지게 나눈 우리의 수다는 몇 날 며칠이고 허기진 영혼을 풍성히 채워주었다.

우리가 그녀를 방송의 첫 게스트로 초대한 이유는 바로 그녀가 우리를 라디오의 세계로 이끌어 준 장본인이기 때문이다. 소영언니는 마을공동체에서 진행하는 라디오 제작교육 공지를 우리가 함께 속한 모임방에 공유해주었는데, 그것을 연주언니와 내가 덥석 물었던 것이다. 물론 우리가 교육에 처음 참여할 때만 해도 이렇게 방송까지 하게 되리라곤 우리 중 누구도 예상하지 못했다. 그도 그럴 것이 우리는 아직 한참 손이 많이 가는 고만고만한 또래 아이를 키우는 육아맘이었고, 게다가 이 코로나 시국에 별 탈 없이 매주 정기적으로 교육에 참여한다는 것은 분명 각자에게 도전이 되는 일이었기 때문이다. 당장 아이를 맡아줄 손을 찾는 일부터가 난관의 시작이었고 말이다. 직업적인 커리어와 연결되는 기술을 배우는 것도 아니고 그저 단순한 호기심으로 시작하기에는 사실 분명한 명분이 서지 않는 일이었다. 그럼에도 우리는 이 모험을 기꺼이 해보기로 했다. '까짓것 뭐 어때, 한번 해보는 거지. 마침 무료교육이기도 하니 손해 볼 일은 없는 거잖아. 해보고 아니면 마는 거지 뭐. 일단 go.' 우리의 시작은 그러했다.

라디오 교육은 기대 이상이었다. 나는 매시간 교육을 마치고 돌아오는 차 안에서 흥분에 찬 목소리로 말하곤 했다. "이런 고퀄리티의 교육을 그것도 무료로 배우게 되다니 세상에…." 매주 1회 두 시간씩 진행된 교육은 정말 알차고 재미있었다. 공동체라디오에 관한 이론 수업을 시작으로 방송기획과 대본 작성, 대본 리딩 및 녹음, 오디오 편집에 이르는 실습 과정까지 어느 하나 빠뜨릴 것 없이 실용적이고 유익했다. 우리는 그야말로 그 과정을 온전히 즐기고 있었다. 교육을 진행하셨던 분들은 공동체라디오의 진행자[3]이기도 했는데, 그분들의 삶과 라디오 이야기는 오랜 시간 육아의 세계에만 갇혀 지내던 내게 꽤나 신선한 자극이 되었다. 풍성하고 따듯하기까지 한 이야기들을 내 맘속 깊이 품고 돌아오던 매주 목요일 밤, 나는 내게 허락된 그 시간들에 참으로 감사했다.

 교육의 마지막 과정이었던 수료작을 시작으로 〈언니가 언니에게〉는 다음 주 십 회차 방송을 앞두고 있다. 지난 방송을 함께했던 일곱 명의 언니들, 그들과 인생에 대해 묻고 답하던 시간들은 사뭇 유쾌하고도 진지했다. 각자의 삶의 이야기를 들려주는 목소리는 담담한 듯 묵직한 울림을 주었고, 매번 느낌표와 물음표를 함께 던져 주었다. 진행자의 물음에 그들은 삶으로 답했고 그것은 감

---
[3] 라디오 교육 때 대본 리딩과 발성 지도를 담당했던 서현정 진행자와는 이때의 만남을 시작으로 '쓰며:쉬며'에서 함께 글을 쓰는 인연이 되었다.

탄과 더불어 내 삶에 또 다른 물음으로 다가왔기 때문이다. 보람되고 값진 시간들이었다. 게스트의 사전 인터뷰를 위해 이동하는 차 안에서 연주언니와 나는 종종 이야기 나누곤 했다. 이 일이 만약 돈을 받고 하는 일이었다면 우리가 이렇게 열심을 다할 수 있었을까? 이렇게 진심을 다해 일했을까? 아니, 돈보다 훨씬 가치로운 일이라 여기기에 우리가 이 일을 꾸준히 자발적으로 이어오고 있음을 너무 잘 안다.

아직은 다분히 모험적이고 실험적인 방송이기도 하고 앞으로 어떤 변수가 우리를 기다리고 있을지는 모르겠지만, 우리의 목소리를 담은 이 방송을 통해 앞으로도 다양한 언니들의 삶과 만나고 싶다. 인연은 우리를 라디오의 세계로 데려다주었고, 라디오는 또 다른 인연에게로 우리를 데려다 놓을 것이다. 그런 우리들의 이야기가 궁금하다면 나는 감히 그대에게 권한다. 우리의 라방 〈언니가 언니에게〉를.

구텐 모르겐[4] 퓌센
(Guten Morgen Füssen)

  모차르트, 클라리넷 협주곡 A장조 K.622. 매일 진행하던 아침 방송에서 시그널로 선곡했던 곡이다. 십여 년이 지난 2021년 겨울, 익숙한 음이 라디오에서 흘러나온다. 음악과 함께 타임 슬립이 가능하다면, 라디오 스튜디오 안에서 녹음하고 있을 '나'에게 가고 싶다. 자동차 엔진소리와 관현악에 맞춘 클라리넷 소리가 잘 어우러지는 겨울답지 않은 따스한 날이다.

---

4) Guten Morgen-guten Morgen ; 어원 German
   명사 : 안녕하세요(아침 인사), (good morning).

클라리넷 협주곡 A장조 K.622는 모차르트가 죽기 두 달 전에 작곡되었다고 한다. 그래서인지 클라리넷 소리가 더 애잔하고 아름답게 들린다. 영화 '나니아 연대기'에서 옷장을 열면 펼쳐지는 환상의 세상처럼, 나만의 숲 속 이야기가 연주된다.

　이 곡은 총 3악장으로 구성돼 있는데 1, 3악장과 달리 2악장 아다지오는 서정적이면서도 누군가에 대한 그리움이 더 짙게 느껴진다. 영화 '아웃 오브 아프리카' OST에 사용되었고 클라리넷 본연의 매력에 아프리카 풍경이 더해져 곡의 풍미를 높인다. 역시 모차르트의 음악적 상상력이 부러울 따름이다.

　하인리히 하이네의 시를 낭독하고 괴테의 〈젊은 베르테르의 슬픔〉과 파트릭 쥐스킨트의 〈향수〉를 읽으며 독일 문학에 심취했던 때가 있었다. (물론 지금은 괴테의 이름만 기억할 뿐이지만.) 독일에 한 번쯤 가보고 싶었던 나는 그와 함께 유럽 여행을 계획했고, 영국에서 시작해 네덜란드 암스테르담을 지나 독일 뮌헨에 머물렀다. 그리고 뮌헨에서 퓌센과 오스트리아 잘츠부르크로 가는 중이다.

  퓌센에는 디즈니랜드의 잠자는 숲 속의 미녀에 등장하는 성의 모델이 됐다는 중세풍의 노이슈반슈타인 성이 있다. 이 성은 바이에른 왕이었던 루트비히 2세가 만든 것으로 성 안과 밖에는 바그너의 오페라에 나오는 장면으로 장식됐다고 한다. 웅장하고 낭만적인 성에는 왕의 안타까운 죽음 이야기도 함께 전해지는데 주변 풍경과 애틋함이 더해졌기에 더 끌렸던 곳이다. 이곳에 가려면 뮌헨 중앙역에서 열차를 타고 조그만 시골 퓌센 역에 내려 성으로 가는 버스를 타면 된다. 그와 나는 버스대신 자전거를 선택하기로 했다. '자전거여행이라니 얼마나 낭만적인가.' 하겠지만 글쎄…. 노이슈반슈타인 성까지 자전거를 타고 가기에는 생각보다 먼 거리였기에 충분한 시간이 필요했다. 짧은 시간 안에 많은 걸 해낼 수 있다는 젊은 패기만으로 물리적인 거리를 극복할 수 없었다. 우리는 끝내 가까이에서 웅장함을 느낄 수 없었고 멀리서 바라보며 가슴에 간직해야만 했다.

지금 생각하면 초록색으로 물든 주변은 그림처럼 이국적인 독일을 그대로 보여주고 있었고 그것만으로 독일을 느끼기에 충분했던 것 같다. 그렇지만 자전거 여행의 매력보다 성에 가지 못한 깊은 아쉬움은 사진 속에서 그대로 보인다. '내가 버스타고 가자고 했지!' 서운함을 뒤로 하고 여유롭게 산책하는 노부부에게 시선을 옮긴다. 서로 다정하게 그들만의 시간을 즐기며 산책하고 있는 모습에서 평온함마저 느껴진다. 이제야 노부부가 눈에 띄는 것을 보면 내가 살았던 세월만큼 주변이 보이는 것이 아닐까 생각해 본다. 계획대로 되는 여행이 어디 있을까. '그냥 즐겼으면 더 좋았었겠지.' 속으로 속삭여 봤지만 다시 오지 못할 곳이라는 마음이 커서일까. 아쉬웠던 그 당시 마음으로 사진 속 표정을 변호해 본다. 어쨌든 저 멀리 보이는 노이슈반슈타인 성을 뒤로 하고 다시 퓌센 역으로 페달을 돌려야만 했던 그와 나. 한동안 어색한 침묵과 기운이 얼마나 지속됐을지는 여러분의 상상에 맡기겠다.

퓌센에 안녕을 고하고 잘츠부르크로 향한다. 잘츠부르

크는 'Salz'와 'Burg' 합성어로 '소금'과 '성', 즉 소금성이란 뜻이다. 잘츠부르크 중앙역에 도착해 영화 '사운드 오브 뮤직'에서 마리아와 함께 아이들이 '도레미송'을 부르던 곳, 미라벨 정원을 지나 미라벨 궁에서 잠시 발길을 멈춘다. 그리고 게트라이데 거리 9번지 노란색 건물, 모차르트생가에서 그의 숨결을 느껴본다. 모차르트가 사용하던 피아노. 귀에 들리는 듯한 피아노 소리. 퓌센의 아쉬움이 녹아내리는 순간이다. 다음 축제 극장을 지나 영화에서 트랩 일가가 잠시 숨어 있던 성 페터 교회를 들러 모차르트 광장을 돌면서 한 편의 작품을 다시 감상했다. 그렇게 해가 뉘엿해지고 빈으로 가는 기차에 몸을 실었던 것으로 기억한다. 뮌헨에서 퓌센으로 잘츠부르크에서 모차르트를 만나고 빈으로 가는 사이 클라리넷 협주곡이 제3악장으로 달리고 있다. 다시 알레그로. 새로운 도시의 기대감을 가지고 기차도 함께 달렸다.

인간의 감정을 잘 표현하는 악기로 클라리넷을 든다고 한다. 기쁘기도 즐겁기도 했다가 그리움으로 가슴이 아리기도 했다가 설렘으로 가득한 희망을 품기도 한다. 모차르트 협주곡, 클라리넷의 선율과 함께 잠시 퓌센과 잘츠부르크 여행을 떠난 듯한 기분이다. 언젠가 꼭 다시 가보고 싶은 곳, 퓌센에 그와 함께 간다면 그 땐 버스를 탈 것이다. 노이슈반슈타인 성이여, 다시 볼 그 날 까지 안녕하길. 구텐 모르겐 퓌센!

일탈로의 초대

 4시 55분에 저절로 눈을 뜬다. 무심하게 양치를 하고 카페에 인증샷을 올린다. 새벽을 깨우는 날이 56일째로 접어든다. 누군가는 책을 읽고, 누군가는 글을 쓰고, 또 누군가는 명상을 한다. 영어시사뉴스 스터디 모임인 'Englishees Affairs'에서 제공한 BBC기사에 집중모드를 켠다. 이번 주는 블라디미르 푸틴 대통령의 '정적'으로 꼽히는 러시아 야권 지도자 알렉세이 나발니에 관한 이야기가 주제다. 'AlexeiNavalny', 'tuberculosis', 'incarcerated', 'acute pain' (잠깐! 정확한 발음은 네이

버에 물어보시길) 등의 고급 진 단어를 눈과 귀로 익히고 본문을 들으며 살짝 슬립모드로 돌입하려던 바로 그 때, 정신을 차려 본다. 진한 에스프레소 한 모금은 쓰면서도 상큼하다.

  새벽에 도착한 배송을 확인한다. 이렇게 편한 세상이라니, 새벽부터 움직였을 누군가의 손길에 감사할 따름이다. 요 며칠 일교차가 컸는지 인후통이 심했던 아이의 상태를 살피고 등굣길에 함께 할 남편도 슬쩍 깨운다. 간단하지만 갓 지어낸 밥에 소화에 좋은 시래기 된장국을 보글보글 끓이며 가족들의 건강을 위해 기도한다. 그리고 하나 더 '맛있어져라'의 주문도 한 줌 넣고. 잊기 전에 어제 널지 못하고 잠들었던 빨랫감을 다시 한 번 '헹굼'으로 눌러준다. 하나 둘 자신의 세계로 발을 옮기고 마지막 8시 20분, 초등학교 딸아이가 학교로 출발하면 나만을 위한 시간이 시작된다. 해야 할 일이 산더미지만 오늘은 쿨하게 모른척하며 그녀들을 만나러 갈 일에 피식 웃는다. 몇 달 동안 서로의 마음을 글로 표현하고 위로하며 그토록 보고 싶었던 그녀들을 랜선이 아닌 카페에서 처음으로 보는 날이다. 기대감을 갖고 준비하는 아주 짧은 시간도 짜릿하고 행복하다. 일상의 루틴이든 잠깐의 일탈이든 그 속에서 퐁당퐁당 나만의 행복한 시간을 만들어 가는 것이 삶의 '찐맛'일 것이다. 오늘은 마음껏 그대들과 나누고 싶다. 한참동안 느끼지 못했던 설렘에 이끌려 감출 수 없는 기쁨의 순간을 맞이하며 향수를 뿌린다.

나는 잠들기 전 읽다 남은 논어를 펼칠 것이며, 아이와 약속한 7천보를 확인하며 나머지 걸음을 채울 것이다. 그렇게 다시 일상 모드로 돌아갈 테지만, 지금만은 로그아웃한다. 일상에서 일탈로 초대해 준 그대들에게 감사인사를 전해야겠다. 내게 와준 그대들이여, 커피 한 잔 할래요? 밝은 햇살아래 그리운 가수 '신해철'의 목소리가 생각나는 아침시간, 그의 명곡 '일상으로의 초대'를 들으며 오늘의 일탈을 기대해본다.

응답하라
해적판 카세트테이프
가수들이여

주말만 되면 내리는 비. 습관적인 '귀차니즘'이 몰려온다. 하지만 서둘러 그녀를 목적지에 데려다 주고 2시간 반의 자유 시간을 얻는다. 그녀는 초록의 습지에서 곤충을 주제로 탐방할 것이고 자연을 몸으로 느낄 것이다. 나는 우산을 쓴 채 탐방로를 걸으며 빗소리를 들을 것이고 빗방울 머금은 풀과 꽃들을 만나겠지. 운동화 끝에 스며든 물기를 적당히 느끼며 습한 공기에 깊은 숨을 쉬고 한 걸음씩 걸으며 주변을 느껴 보련다. 1년 전 이맘때 쯤 석양에 반해 종종 오곤 했는데 올해는 그녀와 더 자주 오게 되었다. 며칠 전부터 숨쉬기 힘들 정도의 밀도 있는 답답함이 코를 자극하더니 오늘 내리는 비로 한 숨에 해결돼 걸음마저 가벼워진다. '귀차니즘'은 언제 적 기분이었나 싶을 정도다. 이 정도면 모닝 산책으로 충분하고도 남을 시간이라고 생각할 즈음 이어폰에서 이글스의 곡이 흐른다. 이글스의 '데스페라도'(Desperado)가 후렴구를 지나 '아델'의 목소리가 이어진다. 'Someone Like You'. 빗소리에 맞춘 듯 적당히 촉촉하고 중저음인 목소리가 매력적이다.

  자리에 돌아와 노트북을 켠다. 날씨와 글쓰기의 연결고리를 찾아본다면 약간의 흐림과 습도, 그리고 적당한 하늘과의 거리가 조화를 이뤄 만나는 지점에 닿을 때가 생각이 몽글몽글해지는 순간이다. 조용한 나만의 공간을 찾는다면 자동차 안도 아주 적합한 곳이 된다. 귀로 들리는 팝송의 내용이 어떤지는 간단한 검색으로 해결할 수 있으니 그저 멜로디에 더 집중하기로. 사랑하는 사람을 보내며 쓴 글이라 더 간절하게 느껴지는 건지 어쩌면 더 담담하게 느껴지는 건지도 모른다. 수많은 오디션에서 수많은 사람들의 목소리로 재탄생하기도 했지만 피아노 반주에 맞춰 듣는 그녀의 목소리는 탁월한 선곡이라며 박수를 쳐본다. 그리고 흐르는 가사를 음미한다.

'Who would have known how bittersweet this would taste?'
(추억이 이렇게 달콤하고도 씁쓸한 지 누가 알았겠어요?)

우린 삶에서 '달콤하고 씁쓸한' 저마다의 추억을 간직하고 산다. 그러다가 가끔은 외할머니가 주신 알사탕을 하나씩 맛보듯, 마음에 품고 있던 추억을 하나씩 꺼내 보기도 한다. 그런 의미에서 오늘은 학교 앞에서 듣던 해적판 카세트테이프를 열심히 고르던 그 때. 영화 '건축학개론'에서나 볼 법한 '마이마이' 카세트플레이어 안에 테이프를 넣고 흘러나오는 노래를 듣던 때가 갑자기 그리워진다. 가수 '이승환', '신승훈', '윤상'의 달콤 보이스와 별

밤지기 '이문세', '김광석', '김현철', '신해철'의 개성적인 목소리에 푹 빠졌었다. '자전거 탄 풍경', '부활', '토이', '전람회', '유리상자', '마로니에', '여행스케치' 그룹의 노래들을 마음껏 들으려고 공개방송으로 콘서트로 여기저기 바쁘게 돌아다니기도 했다. (쓰고 읽기에도 많은 이름이지만 한 명도 뺄 수 없기에 하나하나 정성을 다해 적고 나니 뿌듯하다.) '응답하라'시리즈에서 나올 것만 같은 스타일을 패피로 착각하며 대학로를 밤늦도록 걸어 다녔다. 친구와 이어폰을 들으며 흥얼거리고 또 흥얼거리면서 몇 정거장을 걸었는지 지치지도 지루하지도 않던 열정 넘치던 그 때를 생각하며 미소를 짓는다. 그렇게 돌아다닐 여유가 없어 아쉽지만, 지금만은 아주 설레고 또 설레어 마로니에 공원을 거닐고 있는 듯하다. 2021년의 대학로는 어떤 모습으로 변했을까?

이제 중년의 아저씨가 된 가수 김현철이 진행하는 라디오 프로그램에서 선곡한 팝송을 들으며 잠깐이지만 내 안에 간직된 해적판 카세트테이프 가수들을 꺼내 보는 재미가 쏠쏠하다. 자동차 창문으로 툭툭 몸을 던지는 빗방울과 땅바닥에서 잠시 쉬어가는 참새 한 마리, 그리고 김현철의 목소리와 올드 팝은 그녀를 기다리는 시간을 더 황홀하게 만들었다. 비가 그쳤다. 의도치 않게 조용히 혼자 있게 된 곳에서, 혼자였으나 외롭지 않고 혼자였으므로 더 심오했던 시간을 즐긴 오늘. 비 내리는 공기 안에 촉촉한 땅 냄새를 느끼며 크로플처럼 바삭한 내 이야기를 꺼내 진한 커피와 함께 맛 본것 같은 오늘. 나만의 단막극은 저 멀리 웃으며 내게 달려오는 그녀를 맞이하며 막을 내린다.

목소리의 어울림

 나는 얼마 전 방영된 JTBC 프로그램 〈팬텀싱어〉의 팬이다. 〈팬텀싱어〉는 크로스오버 남성 4중창 팀을 뽑는 오디션 프로그램이다. 각 참가자가 자신의 목소리와 가장 잘 어울리는 멤버들을 찾아 팀을 결성한 후 대결을 통해 최종 우승팀을 가려내는 내용이다. 그 과정에 여러 스토리들이 담긴다. 그들만의 캐릭터가 생기고, 엄청난 부담감을 이겨내 탄생시킨 무대로 사람들의 감동을 자아낸다. 그 중에 시선을 사로잡는 팀이 있었는데, '레떼아모르'라는 팀이었다. 이 팀은 초반 3인조 결성 단계에서 아무도 지목하지 않은 최약체들로 시작했다. 처음에는 나를 비롯한 사람들 대부분이 그들을 탈락 후보로 점쳤다. 하지만 간절함이 통했던 것일까? 그들이 만들어낸 하모니는 더는 탈락 후보팀의 소리가 아니었다. 심사위원을 비롯해 모두가 감동하는 순간이었다.

그들의 하모니에 감동하는 이유가 무엇일까 생각해 보니, '조화로움'이 떠올랐다. 탈락 위기에서 생기는 간절함이 그들의 결속을 강화한다. 눈빛을 보며 교환하는 미소에 서로를 응원하는 마음이 합쳐져 표정에 드러난다. 다른 멤버가 빛이 나야 하는 순간은 자신의 목소리를 감춘다. 화음을 쌓아야 하는 부분에서는 서로의 소리를 들으니 완급을 조절한다. 배려가 느껴지는 지점이다. 그렇게 조심스럽게 목소리를 하나로 합치다가 클라이맥스가 되면 몰아치듯 내뱉는다. 온몸으로 간절함을 노래한다.

음악이라는 것은 누군가에게는 해소, 또 누군가에게는 위로나 아름다움이다. 어느 음악 심리학자는 음악은 우리에게 사회적 결속을 느끼게 해주는 장치라고 했다. 음악을 듣고 있으면 기분이 좋아진다는 측면에서 음악을 나르시시즘적 자기표현 혹은 자기애 표출이라고 말한 학자의 말은 이해가 되었지만, 음악을 통해 사회적 결속을 느낄 수 있다는 말이 처음에는 와닿지 않았다. 하지만 팬텀싱어를 보면서 그 학자가 왜 그런 말을 했는지 이해할 수 있었다.

그들이 만들어낸 하모니에 사회적 결속을 추구하는 사람들의 모습이 반영되어 있기 때문이 아닐까? 목소리라는 매개체를 통해서 가수들은 노래 속에 자신들을 하나로 묶는다. 그리고 누구 하나라도 튕겨내지 않으려고 노력한다. 여기에 믿음과 신뢰는 필수다. 상대방을 비롯해 내가 내는 음에 조금이라도 의구심을 품거나 자신이 없으면 화음은 바로 무너진다. 집중해서 서로를 듣고 또 나를 듣는다. 그렇게 조화로움이 탄생한다. 서로를 추구하면서 동시에 자신을 잃지 않고 진심으로 노래하는 것이다. 진심이 통하면 사람들은 감동한다. 관계에서도 마찬가지다. 진심이 없는 관계는 오래가지 않는다. 나도 느끼고 상대방도 느낀다. 우리는 그렇게 연결되어 있다. 이런 사회적 관계의 메커니즘이 중창 속에도 구현된다는 점에 공감하면서 동시에 감동을 하는 것이 아닐까?

 다시 내 안을 들여다본다. 나는 이런 방식으로 그들이 만들어낸 조화로움에 감정이입을 했다. 작가 리베카 솔닛은 〈멀고도 가까운〉이라는 책에서 이런 말을 한다.
 "듣는다는 것은 귓속의 미로에서 소리가 사방으로 돌아다니게 허락하는 것이며, 귀를 기울인다는 것은 거꾸로 그 길을 되돌아서 그 소리를 만나는 것이다. 이 듣는다는 행위 말이다. 이는 당신이 각각의 이야기를 다시 하는 것, 당신의 고유한 언어로 그것을 번역하는 것, 당신이 이해하고 반응할 수 있게 당신의 우주에서 그 자리를 찾아 주는 것, 그리하여 그것이 당신의 일부가 되도록 하는 것이다. 감정이입을 한다는 것은 감각의 미로를 통해 들어온 정보를 맞아 주기 위해 손을 뻗는 것, 그것을 껴안고 그것과 섞이는 일이다. 즉 타인의 삶이 여행지라도 된다는 듯 그 속으로 들어가는 일이다."
 나는 손을 뻗어 그들의 음악을 받아들였다. 그리고 그들의 음악을 나만의 감정이라는 고유한 언어로 번역하여 내 세계 속 어느 자리에 채워 넣었다. 그 음악 속에 내 감정이 만들어낸 이야기를 심어 놓은 것이다. 그들의 음악을 들을 때마다, 내가 심어 놓았던 코드가 실행되고 내 과거 이야기 속으로 혹은 현재의 감각 속으로 여행한다. 그 순간만큼은 나는 현실의 내가 아니라, 내 우주 속 어느 곳을 황홀하게 유영하고 있는 또 다른 나다. 노래는 그들이 부르지만, 거기에 담겨있는 감정의 주체는 바로 나다. 그렇게 그들의 조화로움을 내 세계 속에 심어 또 다른 나의 이야기라는 의미를 만들어 낸 것이다. 이것이 내가 음악을 좋아하는 방식이자 감동하는 과정이다. 조화로움 속 감정이입. 다른 이들이라고 다르랴?

창작에 대한 단상

 피터 H. 레이놀즈가 쓴 〈ISH〉라는 그림책이 있다. 이 그림책은 자신만의 그림 그리기가 무슨 의미인지 그리고 예술은 이렇게 접근해야 하는지에 대한 혜안을 담은 책이다. 책 제목 '-ish'는 영어에서 형용사를 만드는 접미사로 '~약간 거의 ~한'이란 뜻이다. 가령 'child'에 이 접미사를 붙이면 'childish', '어린애 같은'이란 의미가 된다. 책의 주인공인 레이먼은 그림 그리기를 좋아하는 꼬마다. 어느 날 열심히 꽃병을 그리고 있다가, "이게 무슨 꽃병이냐?"는 형의 놀림에 충격을 받고는 오기로 꽃병과 똑같은 그림 그리기를 연습한다. 어느새 바닥에는 수없이 그리고 말고를 반복하다 구겨서 내 던져 버린 '꽃병 같은 그림들'이 수북이 쌓여있다. 아무리 그려도 완벽하게 그릴 수 없다는 것을 깨닫자 레이먼은 그림 그리기를 멈춘다. "이만하면 됐어. 이제 그만할래." 그때 여동생이 구겨진 종이 한 장을 들고 자신의 방으로 도망가는 것을 발견하고는 쫓아간다. "너 정말! 이리 내놔!" 하면서 들어간 여동생의 방 벽에는 레이먼의 실패작들이 붙여져 있다. 마치 갤러리처럼. 여동생은 레이먼에게 "나는 이 그림이 제일 마음에 들어"라고 말한다. 레이먼이 "원래 꽃병을 그리려고 했어. 하지만 전혀 꽃병 같지 않아."라고 하자 여동생은 "아니 꽃병처럼 보이는데? (It looks vase-ISH!)"라고 답한다. 주인공은 동생의 'Vase-ISH'라는 말에 큰 영감을 얻는다. 그리고는 'ISH' 한 그림들을 폭풍같이 쏟아낸다. 나무 같은(tree-ish) 그림, 집 같은(house-ish) 그림, 평화 비슷한 느낌(peace-ish)의 그림. 그리고 글 비슷한 것(writing-ish)도 쓴다. 시 비스름한 것(poem-ish)도 쓰면서 말이다. 끝에는 해안가 바위 위에 기댄 채, 눈을 감고 자신의 느낌을 음미한다. 비슷한 단어나 그림으로는 자신의 느낌을 그대로 담을 수 없을 것 같아 순간을 그저 느껴본다. 레이먼의 표정에는 풍요로운 만족감이 서려 있다.

'쓰며:쉬며' 멤버들과 함께 미술관에 갔다. 찬찬히 그림을 둘러보다 어느 그림 앞에 멈춰 섰다. 빨간색 계열의 색과 검은 바탕색이 단순하지만, 굉장히 강렬한 대비를 보여주는 그림이었다. 빨간색으로 무엇을 묘사하려는지 가만히 바라보다 문득 떠오르는 생각이 '산-ish'였다. 산등성이 여러 개를 연결한 듯해서 제목을 얼른 봤더니 '산'이었다. 그러면서 '미술하기'라는 것은 대상을 작가 자신의 시선과 결에 맞추어 'ISH' 하게 표현하는 순도 백 프로 자기 주도적인 활동이라는 생각이 문득 들었다. 여기에 다른 사람의 기준이 들어가면 안 된다. 그림책에서 형이 말하는 기준 때문에 레이먼이 그림 그리기를 멈췄던 것처럼. 어쩌면 미술관에 걸려있는 그림들은 타자의 시선과 치열하게 싸워 이겨낸 결과물일지도 모르겠다. '자신이기'를 멈추지 않고 그 순간의 느낌을 'ISH' 하게나마 온전히 표현하려 애쓴 창작물 말이다. 여기에 얼마나 많은 타자의 공감을 얻어내느냐가 프로로서 작품 활동을 지속할 수 있는 '동기'가 될 수 있겠지만, 그런데도 때로는 가치를 인정해 주는 독자가 단 한 명만이라도 있다면, 자신의 작품에 스스로 드리운 '자기 의심'을 벗고 또 다른 작품을 만들 수 있을 것이다.

다시 창작이란 무엇일까 생각해 본다. 레이먼이 폭풍처럼 'ISH' 한 그림을 쏟아낼 때, 레이먼의 입가가 자연스럽게 올라가 있는 것을 발견 할 수 있다. 자신의 느낌을 비스름한 단어와 그림으로 표현할 때 드러나는 또 다른 자아 혹은 존재의 확장. 여기서 실마리를 찾는다. 마치 동굴 안에 움츠려 있던 또 다른 내가 글 또는 그림이라는 판에 발을 딛고 세상 밖으로 나온다. 기지개를 켜고 펼쳐진 감정 앞에 비로소 내가 가진 의문이 풀린다. 막연했던 감정을 쓰거나 그리면서 그 정체가 드러난다. 나를 알아보는 것이다. 개인이 가져야 할 창작하기에 의의가 있다면, 단연코 '자기 자신을 알아봐 주는 것'이라고 말하고 싶다.

  나는 두 아이가 있다. 두 아이는 항상 그림을 그리고 나서 엄마에게 확인받는다. 자신이 그리고자 했던 배경과 의도를 열심히 아이들의 말로 설명한다. "엄마 이건 이상한 화요일이야." "이상한 화요일?" "그림책 있잖아. 두꺼비가 날아다니는 그림책." 듣고 보니 정말 그렇다. 둥그런 물체가 검은색 도화지 위를 날고 있다. "오~~ 맞아. 날고 있어."라고 인정하면, 아이의 입가가 스르르 올라간다. 주인공의 입가 미소처럼. 창작하기 속에 들어 있는 메커니즘도 이런 것으로 생각한다. 자신의 느낌을 감각하고, 표현하고, 자신을 인정하고 나아가 타인에게 인정받고자 하는 것.

  그래 나만의 'ISH' 한 글과 그림 혹은 몸짓과 목소리로 깊숙이 들어가 묵직한 감정 덩어리를 들어 올리자. 퍼내서 펼쳐내자. 그리하여 더 넓은 내가 되면, 어쩌면 이 비루한 현실을 살아갈 동력을 얻을 수 있을지도 모르겠다.

직박구리의 외침

 직박구리. 참새목의 직박구리에 속한 새로 우리나라에서는 참새만큼이나 흔하게 볼 수 있는 새다. 몇 년 전부터 아파트 화단에 종종 나타나서 딸의 관심을 한 몸에 받고 있기도 했고, 씩씩하게 짖어대는 울음소리가 인상적이어서 궁금했다. 그 새의 이름이. 도무지 그 이름을 알고 있는 사람이 없어서 검색했다. 요즘은 이미지 검색기의 성능이 뛰어나서 사진을 한번 찍은 뒤 버튼을 터치하면 바로 이름이 뜬다. 그리하여 알아낸 이름. 직박구리. 다른 새들을 유심히 관찰하지 않아서 비교할 수는 없지만, 이 새는 유독 무리와 소통을 즐기는 듯했다. 열매가 있는 나무에 앉으면 항상 다른 새를 불러들인다. 나무에 앉아서도 끊임없이 수다를 떤다. 마치 나무 열매의 맛을 비교라도 하는 듯, 정보를 주고받는 것 같은 인상을 받는다. 또 비행할 때는 몇 번 퍼덕이던 날개를 몸에 붙여 공기 중을 유영하듯이 흘러가는 모습이 신기해 한참을 쳐다보게 만드는 묘한 매력의 소유자다.

그런 우리 아파트 직박구리에게 청천벽력과 같은 일이 벌어졌다. 몇 주 전부터 예고했던 수목 전지 사업 때문이었다. 그날은 아침부터 전기톱이 굴러가는 시끄러운 소리와 여기저기서 외치는 인부들의 고함으로 아파트 전체가 어수선했다. 아이들을 등원시키려 현관문을 나서자, 인도 곳곳에 쌓여있는 나뭇가지 더미와 잎사귀 뭉치들이 산을 이루고 있는 모습을 볼 수 있었다. 우리는 가던 길을 가려고 몇 걸음을 더 옮겼는데, 그곳에서 머릿속을 어지럽게 만드는 장면을 목격했다. 바로 전기톱이 닿지 않았던 나무들의 가지에 가득 앉아 있던 직박구리 무리의 모습이었다. 대충 봐도 몇 십 마리는 돼 보였다. 그렇게 많은 수의 직박구리가 아파트에 살고 있었다는 사실도 놀라웠지만, 그들이 가지를 오가며 내는 소리가 더 놀라웠다. 새들은 저마다 한마디씩 했다. 절박한 외침이었다. 걱정하는 소리, 경고하는 소리, 무엇인가를 찾는 소리 등이 한 데 뒤 섞여 울음을 만들어 냈다. 정찰자처럼 보이는 새는 다른 곳을 둘러보러 특유의 비행자세로 먼 곳을 날아갔다. 뒤이어 다른 새들도 상황을 파악하려는 듯 분주하게 왔다 갔다 했다. 그때 딸이 한마디 했다. "엄마, 쟤들이 큰일 났다. 큰일 났다 하는 것 같아." 정말 그랬다. 그 순간 느꼈던 감정의 충격이 묵직했다. 하루아침에 터전을 상실한 존재들의 상황을 목도했기 때문이었다.

아이들을 등원시킨 뒤, 아파트를 한 바퀴 빙 둘러보았다. 터전에서 쫓겨난 직박구리들은 그나마 정상적인 나무들을 찾아 마지막 남은 열매를 콕콕 찌르고 있었다. 지나가던 인부에게 물었다. "아저씨, 왜 이렇게 나뭇가지를 많이 잘라내요? 이거는 왜 하는 거예요?" "이렇게 잘라내야 나무가 예쁘게 자라기 때문이에요." 아저씨가 말했다. 과연 누구의 기준이었던가? 사람의 눈에 예쁘게 보이기 위해, 사람들 편하고자 하는 행동들은 그 작은 존재에게는 생존의 위협이었다. 마음이 쓰렸다. 그렇다고 전지 사업을 중단할 수는 없다. 연식이 꽤 되는 아파트인지라, 저층에 사는 주민들에게는 필수였다. 그리고 아파트 담벼락에 길게 축 늘어지는 가지는 행인들의 걸음에 방해가 됐을 거다. 무엇보다 전지는 수목의 겉모습을 다듬어 주고 가지가 웃자람을 방지해 주어 장기적으로 볼 때는 나무에 좋은 것일지도 모른다. 하지만 이 모든 정당한 이유에도 인간의 시각이 우선이다. 고작 진화에 적합한 신체구조와 뇌를 가졌고 전례 없는 과학 문명을 이뤘다고 해서 특별한 지위를 인정받을 수 있는 것인가? 우주의 관점에서 우리 모두의 시작은 작은 원자이지 않은가? 그저 방관자의 모습으로 직박구리가 안전한 보금자리를 빨리 찾기를 바랄 수밖에 없는 순간의 감정이 무척이나 허탈했다.

  그 난리가 난 몇 주 후, 나무들은 싹둑 잘려 나가 여전히 볼품이 없다. 올해 봄에는 내가 좋아하는 활짝 핀 목련꽃을 볼 수가 없어 아쉽다. 오늘 아침 직박구리 한 마리를 발견했다. 연신 짖어대던 그때의 울음소리가 아닌, 한 마디 '짹'하고 날아가는 모습에서 안정감이 보인다. 그 많던 직박구리는 어디로 갔을까? 그렇게 자연에서 살아남은 힘으로 자신들만의 공간을 또 찾아냈겠지. 직박구리에게도 삶은 계속되니까. 하지만 그날 내가 목격했던 모습들과 감정들은 어디로 가야 할까? 특별한 경험으로 묵혀두기에는 강렬함의 정도가 깊다.

덧붙여 -

그래도 봄은 봄인가 보다. 나무는 잘려 나간 팔에도 아랑곳하지 않고 싹을 틔워낸다. 직박구리를 날려 보낸 허전한 자리를 다른 희망으로 채워 넣는 듯하다. 직박구리도 직박구리지만 나무도 참 대단하다.

줍깅의 재미

1

 시작은 찐고구마였다. 글을 쓰기 위해 찾아간 서실에서 간단한 요깃거리로 고구마를 쪄오셨는데 한껏 집중하고 나니 허기가 훅 지는 것이었다. 먹이 묻은 손 그대로 껍질을 벗겨가며 달게 먹는데 그 모습을 본 선생님이 "아이고, 연주씨. 목 마르겠다. 있어봐요."하고는 종이컵을 꺼내러 가셨다. 본인이 고구마 먹어보니 목이 정말 마르더라며, 목이 마를 나를 위해. "선생님, 저 괜찮습니다. 제가 물 따라 마실게요." 하고 답했다. 만류했지만 틀림없이 목이 마를거라고 서랍장 속 종이컵을 꺼내러 가신다.

다시 목소리를 내었다. "선생님, 저 종이컵 안 써요." 용기를 냈다. 선생님이 멈추셨다. 모두가 나를 돌아봤고 나는 그냥 웃었다.

그 고마운 마음, 종이컵 하나 받으면 되는데 굳이 안 쓴다는 말로 상대방의 행동을 주춤하게 할 필요가 있는지. 이전의 나였다면 그렇게 생각했겠지만 오늘 하루만 볼 사이가 아니라면 말을 해두는 것이 두고두고 원만한 관계에 좋다는 것을 알았다. '아이를 낳고 키우다보니 세상 만물 하나하나 쉽게 보이지 않아서요. 이 종이컵 나하나 쓰고 버리는 거야 뭐가 문제일까 싶지만, 그래도 이게 쌓여서 우리 아이들이 살아가는데 문제거리가 된다 생각하니 쓰기가 전만큼 쉽지 않아졌어요.' 이제는 안다. 불편은 잠깐이라는 것을. 내 생각과 다른 사람에게 내가 그런 생각을 가진 사람이라는 것을 알려줄 필요는 있음을. 상대가 아무 견해가 없다가도 내 생각을 듣고 동의하고 종이컵을 하나 둘 덜 쓰게 된다면 뭐 이래도 저래도 좋은 것 아닌가 하고.

2

  카페에 갔다. 따뜻한 커피가 두 개로 겹쳐진 두툼하고 탄탄한 종이컵에 담겨 있었다. 너무나 새 것이, 한 잔에 두 개씩. 보고있자니 불편했다. 동시에 그 따뜻한 커피를 받아든 일행이 환한 웃음으로 '센스있다'는 말을 했다. 손이 뜨겁지 않아 좋다고, 컵이 두 개니 반으로 나누어 얼른 식혀 마실 수 있어 좋다고. 와 그렇게 받아들일 수도 있구나! 생각했다. 같은 상황을 다르게 보고 있는 우리 모습이 재미있게 느껴졌다. 나처럼 불편한 사람이 덜 쓺으로 인해서 균형이 맞춰지는 걸까. 너는 생수병은 쓰면서 종이컵은 아끼냐고, 채식을 지향한다면서 왜 우유는 마시냐며 되물을 수 있다. 완벽할 수 없음을 인정하고 하나씩, 내가 지금, 여기에서 할 수 있는 일을 해보기 시작하는 것이다. 누구나 왔다 잘 쓰다 가는 이 세상, 하나 둘 생각하고 줄이면 그래도 다음에 쓸 종이컵 하나 더 아껴두는 셈 아닌가 하고.

3

"거 뭔데, 내려갈 때마다 챙겨?" 남편이 떨떠름한 표정으로 묻는다. 나는 몰라서 묻냐는 표정으로 답한다. "어차피 나가 걷는 거 쓰레기 주우면서 걸으려고 그러지." 남편은 청소인력이 다 있는데 왜 내가 그런 활동을 해야 하는지가 의문스럽고, 나는 인력이 충분히 있다면 거리에 쓰레기가 없어야 하는데 왜 내 눈에는 쓰레기가 자꾸 보이는 건지 의문스럽다. 살아보니 하나도 맞는 게 없는 '로또 같은 배우자'를 설득할 시간에 하나 더 줍는 게 낫다는 판단에 나는 혼자 하다 이젠 아이와 함께 한다.

나의 줍깅 역사는 2005년, 쉬는시간 매점을 다녀오는 길에서 시작된다. 2학년 7반으로 향하는 4층 계단에는 빨대가 꽂혀있지만 내용물은 쏙 빠진 우유팩이나 떡볶이 컵, 빵봉지가 나뒹굴었다. 내 눈에 띄었고 내 발에 채여서 올라가는 길에 하나 둘 주워다가 교실 뒷문에 들어서면서 쓰레기통에 골인시켰을 뿐인데, 그 모습을 보던 단짝친구는 '착한 척 좀 그만하라'더니 2학기 초, 선행상 후보로 나를 추천했다. 착한 척이 아니라 내 눈에 거슬려서 그런 건데. 그 후, 나와 매점에 다녀오던 친구들은 나에게 핀잔주기를 멈췄고 다 먹은 빈 봉지를 당장 복도 틈새에 밀어넣지 않았다.

그랬던 움직임이 줍깅인지 플로깅인지 모르고 한참을 잊고 살다 지난 겨울부터 아이와 보내는 긴긴 하루를 조금이라도 단축시켜 줄 실외활동으로 시작했다. 그리고 올해 아이와 매일 꾸준히 하고 싶어 100일간의 실천을 약속하는 〈카카오 프로젝트 100 – 우리가 지나간 길은 바뀌어요〉에 동참! 등하원길 줍깅 활동은 '놀이터 구조대'라는 이름으로 우리가 보내는 하루의 루틴으로 자리잡았다. 또한 동네에서 마주치는 뭇 아이들의 호기심과 부러움을 받는 활동이 되었다. 들고 나가는 집게의 위용이 상당해서 아이는 꽤 우쭐해한다. (그 우쭐함에 마구 휘둘렸다간 좋은 마음으로 줍기 하려다 괜히 남의 차를 긁을 수도 있으니 주의해야 한다.) 아이는 며칠째 같은 자리, 주워도 다음날 다시 삼각김밥 비닐이 고스란히 떨어져 있던 그 자리가 깨끗한 걸 확인하고서는 '와, 오늘은 없다'며 해냈다는 표정으로 나를 올려다본다. 그렇게 우리는 삼각김밥 비닐이 없는 그곳을 매일 눈여겨보게 되었다.

4

 우리가 가장 좋아하는 동네 줍깅 스팟은 두 곳.
 매일 아이의 등하원 버스가 정차하는 편의점과 미용실 사이, 그리고 가까운 초등학교 후문과 문구점 사이. 그 곳에는 매일매일 자잘한 줍깅거리와 이야기가 기다리고 있다. 멀리서부터 길다란 집게로 팅팅 소리를 내며 다가오는 우리를 보고서는 주춤하던 초등학생이 수줍은 손으로 제 눈 앞에 띄는 쓰레기를 주워 우리의 줍깅 주머니에 넣어준다. 일면식도 없는 사이, 그렇게 이름도 모르고 얼굴도 떠오르지 않는 아무개 친구와 함께 하는 날은 "고마워요."하는 인사가 절로 난다. 그러면 대부분이 쑥스러워 우다다 달려가버린다. 그리고 다시 멈춰서서는 우리를 돌아본다. 가끔 집게를 가리키며 곁의 엄마를 졸라보거나, "재밌겠다, 나도 해보고 싶어요!"하는 붙임성 좋은 친구도 있다. 그럴 때 나는 기쁘다! 회사 상사에게 일로 인정 받는 것처럼, 아이들에게 내 행동이 놀이로 인정받는 그 흔쾌한 느낌이 좋다.

이러나 저러나 세월은 가고, 만들어진 쓰레기는 돌고 돈다. 그저 어딘가 담겨 내 눈에 띄지 않을 뿐. 하지만 진행하면 할수록 '우리가 지나간 길은 바뀌어요'라는 이 프로젝트의 문구가 나는 아주 마음에 든다. 우리가 지나간, 그리고 누군가 따라오는 이 길만큼은 바뀌었고 바뀌고 바뀔테니. 줍깅을 바라보는 시선이, 우리의 행동이 자연스럽고 편안해져야 아무 생각 없이 버리는 누군가의 손도 밈출테니.

그런데도 우리가 해도 그만, 안해도 그만일까?

공생 (共生)

아침 녘, 어슴푸레한 안개가 산의 고요를 품고 있다.
내보일 듯 내보이지 않고, 어제의 기억을 품은 듯하다.

어제는 분명 후회했고, 심란하였으나,
아침 해는 구석구석 온기와 빛을 나누어
그것을 잘게 부수어준다.
영롱한 빛을 내어주며 괜찮다 한다.
수억 킬로미터 떨어진 닿아본 적 없는 이도
우리의 안위를 걱정하는데,
우리는 많은 걸 받으면서도 끊임없이 욕심을 낸다.

산은 진리를 알지만, 설교하지 않는다.
그저 그곳에 있어줄 뿐.
공기를 내어줄 뿐,
무언가를 가지라며 종용하지 않는다.
물은 흔들림을 알지만, 지조를 지킨다.
물새들에게 기꺼이 자리를 내어주며
잔물결에 일렁거릴 뿐,
사라지지 않는다.

풍광에 홀린 듯 거닐다 나무 앞에 섰다.
나무는 곧게 뿌리를 내리고 힘겹게 서 있다.
꽃을 품지 않는 나무에 주렁주렁 달린 인공 꽃.
밤 사이 맞지도 않는 옷을 입고
원치 않는 장신구들을 한 채
나무는 그렇게 빛을 밝혔다.
반딧불이처럼 스스로 빛을 밝혀
살아내는 것이라면 좋으련만
그것은 인간의 이기가 만든 욕심의 산물.

밤 사이 한숨 잠도 들지 못한 채
나무는 다시 일어나 기운 없이 서 있다.

하지만 나무는 다시 숨을 쉰다.
받은 것이 없어도 무언가 받은 양 돌려주려 애를 쓴다.
고된 노동에 병이 들면
깊이 박힌 뿌리는 아름답지 않다며 뽑혀버리겠지.
희생. 그것이 고귀한 아름다움인지 모르는
우리의 무지.

푸르게 푸르게, 느리게 느리게
우리 곁에 답이 있다.

괴로워하지 마라. 내가 위로해주고 있으니.
슬퍼하지 마라. 내가 이해해주고 있으니.

무한한 위로를 주는 우리는 그와의 공생관계.

괜찮아, 다시 시작이야

괜찮아, 다시 시작이야

시간을 거슬러 나 자신을 위로할 수 있다면

내가 딸을 낳고 싶지 않은 이유

점잖은 아이

공주야, 연주야

나에게 주는 선물

목소리의 어울림

괜찮아, 다시 시작이야

To love is to be happy, happier than to be loved.
(사랑하는 것은 사랑을 받는 것보다 행복하나니라.)

 유치환 시인의 '행복'이란 시를 외국인 친구에게 소개하고 싶어 영역한 시 첫 부분이다. 이 멋진 한국시를 어떻게 영어로 표현할 수 있겠는가. 그저 그 느낌만이라도 살짝 보여주는 수밖에. 유난히 이 구절이 머릿속에 맴도는 새벽, 그리운 친구들 이름을 불러 본다. 잦은 이사로 학교를 여러번 옮기고서야 졸업할 수 있었던 나. 한 곳에 적응하고 나면 다시 정든 친구들과 헤어져야하는 과정을 여러 번 겪어야만 했던 어린 나는 감정표현이 어색하다.

'결핍'이 주제라는데 웬 '행복'이냐고 할 수 있겠지만, 내게 결핍은 충분하게 나누지 못했던 '친구와의 우정과 사랑'에서 파생된 그리움이다. 그리운 이에게 설령 마지막일지라도 안녕을 고하며 그리움을 표현했던 '행복'이란 시가 떠오른 까닭이다.

결핍 缺乏 [결핍] : (명사, 문학)

   인간 정신의 본질직 상상을 기술하기 위한 라캉의 개념. 주체는 태어날 때부터 어머니와의 분리에서 오는 근원적 결핍을 가지고 태어난다. 또한 주체는 더 크고 '더 근본적인 것의 파편'이라고 여겨지므로 결핍되어 있다고 본다.
                              (출처 : 네이버 국어사전)

인간은 근원적 결핍을 가지고 태어났다니 안심이다. 더 근본적인 것의 파편이기 때문에 결핍이 당연한 것이라면, 난 그 결핍을 사람의 관계에서 회복하고자 노력했던 것 같다. 사람 만나기를 좋아하고 사람 안에서 내 존재감을 확인받고 싶었다. 그 안에서 내가 충분히 잘하고 있다는 인정을 받았을 때 내 자신에 대한 만족감을 얻었다. 인정받을수록 더 여유로운척하며 가면을 쓴 채, 겉모습을 위선으로 채우기도 했다. 고고한 백조의 자태 이면에 발버둥치는 애달픈 모습이 바로 나였다. 더 높은 만족감을 얻기 위해 많은 사람을 만나기도 했지만 갈수록 채워지지 않은 허전함과 내 안의 깊은 외로움에 몸부림치기도 했다. 친구와 관계에 얽매여 그 끈을 놓지 못하고 연연했던 나를 찬찬히 바라보고 있자니 이제야 해결의 실마리가 보인다.

내 소리에 더 귀 기울이고 다독여 주며 외롭지 않게 스스로 인정해야 한다는 결론과 마주한다. 내 안의 어린 나에게 '많이 외로웠겠구나.'하며 쓰다듬는다. 잠시 멈칫하던 나는 이내 마냥 신난 모습으로 눈앞에 펼쳐진 자연이 그려낸 사계절을 즐긴다. 등하굣길 내내 웃음소리가 그치질 않고 냇가에 흐르는 물결 그대로 맨발로 느끼며 뛰어 다닌다. 맘껏 즐긴 나는 '에메랄드 빛 하늘'이 보이는 곳에서 환하게 웃는다. 그리고 친구들에게 '사랑하였으므로 나는 진정 행복하였다'고 '마지막 인사'를 건넨다.

'그리운 이여 그러면 안녕!'

나는 논길을 걸으며 느꼈던 싱그러운 바람 냄새를 기억하고, 밤늦도록 동네 친구들과 놀면서 바라본 어슴푸레 해질녘 노을을 기억한다. 그 기억으로 충분하다. 새까맣던 새벽녘 창밖이 점점 밝아지고 라디오에서 도레미 송이 흘러나온다.

'When you know the notes to sing, you can sing most anything.'
(너희들이 노래할 음표만 알고 있다면, 어떤 노래라도 부를 수 있단다.)

어떻게 살아야 할 지 기본 방향만 제대로 알고 있다면,

어떤 삶이라도 잘 항해할 수 있을 것이다. ABC와 도레미, 그리고 ㄱㄴㄷ과 같은 가장 기본에서부터 하나씩 처음부터 다시 배워 가면 된다. 어렵다고 느껴진다면 조금 더 쉽게, 다시 처음으로 돌아가면 된다. 내 결핍을 알고 다시 채우면 된다. 오늘의 음표는 오늘 쓰면 된다. 그러다 힘들다면? 다시 도돌이표. 돌아가도 괜찮다. 슬며시 귓속말로 속삭여본다. 괜찮아, 이제 다시 시작이야.

시간을 거슬러 올라가
나 자신을 위로할 수 있다면

아이를 키우다 보면 의외로 내 과거의 기억을 더듬는 시간이 많아진다. 첫 아이를 키우는 건 너무나 막막하고 어렵기만 해서 낭떠러지에 선 심정으로 내 경험을 많이 들추어 보게 된다.

나는 어릴 때 어땠었더라?

우리 엄마가 어떻게 했더라?

그런 생각을 하다 보면 억울했던 어린 시절의 기억부터 슬프고 아픈 기억까지 떠올리곤 한다. 그중에는 성인이 된 뒤에도 또렷하게 각인된 기억도 있지만 내 무의식의 세계 저 끝자락에 남의 애기처럼 방치되었던 기억들도 있다. 하지만 유물 발굴하듯 그 잠재된 기억을 찾아내고 나면, 내내 기억하던 것보다 훨씬 큰 울림이 되어 내게 다가온다.

  나를 가장 당황스럽게 한 기억은 내 중학교 시절이었다. 엄마, 아빠는 맞벌이었고, 내가 초등학교 때부터 사이가 쭉 좋지 않으셨다. 좁은 아파트에 밀착되어 살지만 서로가 서로를 불편해하는 관계, 정서적으로는 전혀 밀착되기 힘든 사이였다. 어려운 형편에 주말여행은 커녕 엄마, 아빠가 한 공간에 있으면 언제 터질지 모르는 시한폭탄처럼 눈치가 보였기에 단란하게 식사하는 장면도 잘 연출되기 힘들었다. 그러다가 내가 중학교 1학년 때, 6살 차이의 언니는 20살 성인이 되어 자신이 하고 싶은 애니메이션 채색 일을 위해 서울로 방을 얻어 올라가게 되었다. 그래도 집에서 나와 제일 많이 소통하던 언니마저 없어지게 되자 나는 하교 후 텅 빈 집안에 홀로 누워 지내곤 했다. 한동안 꽤 오래 잊고 있었던 무수한 혼자만의 시간. 왜 잊고 있었던 걸까?

그때를 생각하면 나는 참 외로웠고, 쓸쓸했다. 내 나이 고작 14-15살 정도였다. 그때의 난 너무 어려서 내가 외로워하는지도 몰랐다. 뭐가 필요한지, 왜 외로운지도 모르는 어린아이였다. 그 시절의 작디작은 내 방을 떠올리자 마치 적들을 피해 만든 요새 같은 느낌이 들었다. 상처 받고 싶지 않아 만든 쓸쓸한 요새.

중학교 때도 친한 친구들은 몇 있었다. 방과 후나 점심시간에 오자미나 농구 같은 걸 하며 친구들과 뛰어놀았고, 털털하고 배려하는 성격 덕분에 두루두루 친구들은 많았다. 하지만 그 시절 나는 친구들 속에 있어도 외로웠다. 왜인지 곰곰이 생각해보면 또 친구에 대한 생각으로 가지를 뻗는다. 친구관계에서도 내 외로움을 나눌 정도로 만족하지 못해서가 그 이유인 것 같다. 그때 또렷이 기억나는 건 내가 좋아하는 친구는 나를 특별하게 생각하지 않았고, 내가 별로 안 친해지고 싶은 친구들은 나를 좋아했다는 점이다.

나와 비슷한 가난과 가정불화의 아픔을 가진 내가 좋아했던 친구는 재미있고 털털해서 늘 가까이하고 싶은 친구였는데, 이상하게 그 친구는 나에게 일정한 벽을 치곤 했다. 친하게 잘 지내다가도 자신의 마음 깊은 영역을 침범하려 하면 벽을 쌓고 막아버리는 그런 느낌이었다. 그래서 그 친구와 정말 친하게 지내고 싶은데 자꾸 경계를 두는 모습에 어느 날은 집에 들어와 가방을 벗지도 못한 채 내 방에서 통곡하며 울었던 기억도 있다. 그 친구와는 성인이 되고, 서로 엄마가 된 뒤에도 만났는데, 어쩜 중학교 때와 같은 패턴의 만남이 이루어졌다. 뭔가 경계를 두는 듯한 느낌. 그래서 지금은 연락을 잘 하지 않는다. 그 친구도 자기가 편한 친한 친구들이 있고, 나도 나를 많이 이해해주는 다른 친구들을 만났기에 이젠 그저 행복하게 지내기를 바랄 뿐 그 이상은 원하지 않게 되었다.

 그에 반해 내가 별로 안 친해지고 싶은 친구는 날 그렇게 좋아했다. 지금 생각해보면 난 자기표현이 솔직하고, 확실한 사람들을 좋아하지 않았다. 나 스스로가 감정 표현에 서툴고, 다른 사람에게 좋게 보였으면 하고 바랄 뿐 자기 의견이나 감정을 솔직하게 이야기하지 못했던 것 같다. 그때 나는 어렸고, 불행한 부모 밑에서 감정표현을 배우지 못했고, 터질 듯한 안 좋은 감정들을 소화해내지 못하고 꾸역꾸역 담아만 둘 뿐이었다. 눈만 마주치면 싸우는 부모님을 보면서 사람과 사람의 관계에서 조금이라도 나쁜 감정이 들면 불편해하고 꼭 잘 지내야 한다는 강박관념도 있었던 것 같다. 그런데 나를 좋아한 그 친구는 자기감정이 우선이었고, 감정 표현도 확실했으며, 당당했다. 지금의 나는 그게 대단하고 부럽지만 그때의 난 그게 두렵고 싫었나 보다. 마치 금기시되는 일을 하는 것처럼 그 친구가 그럴 때면 조마조마했고, 두근두근 했으니까. 그래서 뼛속까지 내 마음을 보일 수 없었고 이해할 수 없다고 느껴 그랬던 것 같다. 이 친구관계의 괴리감이 밖에서의 나를 편안하게 만들어주지 못했고, 나의 작은 방안에 가끔 틀어박혀 있게 만들었다. 누구 하나 내 이야길 들어주지 않았던 것 같다. 하지만 그때의 기억이 더 애틋한 이유는 그 방 안에서 많은 시간을 보내면서 여러 가지 공상들을 무수히 많이 했기 때문이다. 순정만화에 빠져 살던 난 여자 주인공이 되어 사랑도 하고, 가슴 설레 하고, 눈물을 흘리기도 했다. 그 공상의 시간들이 지금의 내게 '이야기'를 주는 큰 힘이 되었다. 그리고 그 시절 나는 '죽음'에 대해 참 많이 생각하고 두려워했던 기억이 난다. 딱히 아픈데도 없던 내가 왜 죽음에 대해 그렇게 고민했었는지 모르지만 어쨌든 그때만큼 죽음에 대해 심각하게 생각한 적은 없었던 것 같다. 존재가 소멸되는 것에 대한 두려움이었지만 내 손을 잡아주며 '그건 자연스러운 과정이야. 두려워하지 마.' 하고 상세히 설명해줄 어른이 없었고, 나는 그걸 오롯이 내 공상과 상상으로 스스로 헤쳐 나가야만 했다. 외로웠지만 단단하고 강한 아이로 성장할 수 있었다. 그때 그 외로움이 지금의 내 삶에 든든한 자산이 될 줄을 그 나이의 나는 상상이나 했을까?

고등학교 때는 좀 더 나이를 먹어서인지 싸우고, 대립하고, 표현하며 전투적으로 친구를 사귀었고, 평생을 같이할 친구들을 만났다. 지금 생각하면 나의 고등학교 시절이 반짝반짝 빛나는 건 다 친구들 덕이 아닌가 늘 감사하며 살아간다. 지금의 나는 그 공상의 시간들이 감사하고, 꼭 필요한 시간이었다 싶지만 그래도 중학생인 나에겐 그건 지독한 외로움의 값이었다.

그래서 시간을 거슬러 올라가 나 자신을 위로할 수 있다면 그때로 돌아가고 싶다.

외로워하지 말라고.

20년 후엔 내 눈치 보는 남편과 날 닮은 예쁜 아이들이 엄마엄마 찾으며 외로울 틈을 주지 않는다며. 슬퍼하지 않아도 된다고 말하고 싶다.

처음 그 말을 스스로에게 했을 때 나는 눈물이 났다. 아니, 지금도 사실 눈물이 난다.

그 말을 할 때면 내 작은 방안에 교복 입은 어리고 앳된 얼굴의 내가 눈을 맞춰 보는 것 같다.

그래. 다시 말하고 싶다.

많이 외롭고 힘들었지? 그렇지만 외로워하지 마.

넌 좋은 어른이 될 거야.

라고.

- 위로, 그 따뜻함에 대하여.

온기, 따뜻한 체온, 그 이상의 의미에 대하여.

위로는 위로가 되고, 마음이 마음을 어루만진다.

위로는 치유가 된다.

내가 딸을 낳고 싶지 않은 이유

아이를 임신했을 때 산부인과에서 성별을 알려 주던 그날의 기억이 떠오른다. 초음파를 하며 선생님이 가리키는 화면을 뚫어져라 쳐다보던 우리 부부의 얼굴에 각자 희비가 교차했다. 아이는 보란 듯이 두 다리를 쩍 벌리고 자신의 존재감을 한껏 드러냈기에 "여기 보이시죠?"라는 주치의의 말에 의문을 달 필요가 없었다. 내 얼굴에 환한 미소가 번지는 동시에 남편의 얼굴에는 어두운 그늘이 졌다. 그는 그날 식음을 전폐했지만 다행히 오래가지는 않았다. "아들도 괜찮아. 얼마나 든든하겠어? 그리고 첫째가 아들이면, 둘째를 꼭 낳아야 하는 부담감도 없을 테고." 그랬다. 우리가 딸을 낳았다면 아들을 바라시는 양가 어른들의 은근한 압박에 못 이겨 아마 둘째도 가졌을 것이다. 나로선 참으로 다행스러운 일이기도 했다.

사실 내가 아들을 바랐던 이유는 단 한 가지. 나 같은 딸을 낳고 싶지 않아서였다. 더 분명히 말하자면 딸을 나처럼 키우지 않을 자신이 없어서였다. 어쩌면 그것은 딸이고 아들이고의 문제와는 별개의 일일지 모르지만, 나는 그저 내가 딸인 게 싫었다. 집안의 맏딸로 태어난 게 나는 늘 한스러웠다.

내가 생각하는 나는 부모에게 더없이 순종적이고 착한, 집안의 살림 밑천까지 되어준 든든한 맏딸이었다. '순종적이고 착한'이라는 수식어에 부모님 두 분 모두 동의하실지는 의문이 들지만, 든든한 딸이었다는 데에는 우리 가족 누구도 부정하지 않을 거라는 확신이 든다. 나는 그런 딸이었다. 아무도 강요한 적 없지만 그렇게 살아야 한다고, 누구도 대신할 수 없다고 생각했다.

집안의 장남으로 어린 시절 땅에 발 한번 닿을 일 없이 귀하게 자라셨다는 아빠는 내게 종종 말씀하시곤 했다. "맏이는 하늘이 내는 거란다. 구약시대에 하느님께 희생으로 바치는 제물은 제일 처음 난 것, 첫 양이지. 가장 소중한 것이니까. 첫째는 어느 누구도 대신할 수가 없는 그런 존재야. 딸아, 너는 내 귀한 첫 열매란다." 아빠는 내가 아들이었으면 더 좋았겠지만 그래도 귀한 첫째라고 늘 말씀하셨는데, 어쩌면 그래서였는지도 모른다. '툭'하고 건드리면 언제라도 무너져 내릴 것만 같은 낡고 다 쓰러서가는 집을 지탱할 마지막 기둥이 되어야 한다고 다짐한 건.

부모님의 계속되는 사업실패와 두 분의 끊임없는 불화는 아직 십 대 후반이었던 나를 늘 불안에 짓눌리게 했다. 막내가 여섯 살인 지금의 내 아이보다 더 어린 시절이었기에, 의지할 만한 누군가를 찾기보다 내가 책임지고 보살펴야 할 두 동생의 보호자가 되어야 할지도 모른다는 생각을 늘 품고 살았다. 그땐 당장이라도 부모님이 병으로 돌아가시면 어떡하나, 빚은 또 어떻게 해결해야 하나 매일 그런 불안을 무거운 돌덩이처럼 지고 다녔다. 그 후로 끝없이 이어진 내 이십 대의 무기력도 아마 같은 이유 때문이었으리라. 다행히 부모님은 이십 년이 흐른 지금도 큰 병 없이 살아 계시고 이혼도 하지 않으셨다. 대신 나는 그 짧지 않은 세월 동안 심한 우울증에 시달려야 했고, 자잘한 건강상의 이유로 수술대에 두어 번 오르기도 했지만 부모님께 말씀드린 적은 없었다.

작년 여름 자궁내막과 난소에 생긴 용종을 떼어내는 복강경 수술을 받던 날, 오후 수술을 앞두고 병실에 누워 있는데 출근한 신랑에게서 전화가 왔다. 장인어른이 어떻게 아셨는지, 왜 미리 알리지 않았냐고 내 딸 몸에 칼을 대는데 어떻게 감히 본인에게 알리지 않았냐며, 화가 나서 전화로 욕을 퍼부으셨다고 했다. 네가 전화해서 직접 수습 좀 하라고. 그 뒤를 이은 엄마의 다급한 전화. 여러 차례 고성이 오가고 실랑이를 벌이고 몇 번의 소용돌이가 지나간 후에야 나는 자포자기한 심정으로 수술실에 들어갈 수 있었다.

나는 너무 화가 났다. 비록 생사를 오가는 큰 수술도 아니고, 출산 후의 여성에게 흔하게 생길 수 있는 자궁과 질 환이라 하지만 전신마취를 하고 수술대에 오르는 나를 진심으로 염려해주는 사람은 아무도 없다는 생각이 들었다.

왜 나에게 이러는 거지?
왜 다들 내게 이리 무례한 건데?
내가 얼마나 더 참고 견뎌야 하는데?

수술대에 오르는 딸이 염려되고, 미리 알리지 않은 것이 야속한 부모님의 심정을 모르는 바는 아니나 꼭 그렇게까지 하셔야 했나. 속상해서 술을 드시고 취했다는 핑계로 사위에게 욕을 입에 담으셨다는 아빠도, 혼자 입원수속을 밟고 심란한 맘으로 수술을 기다리는 아내에게 친정아빠의 말을 그대로 전하며 알아서 수습하라고 고함

치던 신랑도. '네가 예민하니 그렇게 자주 아프지, 제발 둥글둥글하게 살아라.'라고 이야기하지만 매번 속 끓이는 문제의 중심에 있는 엄마도. 그 모두에게 화가 났다.

 모두, 그냥, 닥치고, 꺼져줄래?!

 아빠, 나는 정말 많이 힘들었어요. 아빠도 알잖아요? 아빠가 긴 세월 얼마나 힘들게 버텨 오셨는지 너무 잘 알지만 더 이상 아빠의 감정 쓰레기통 노릇은 하고 싶지 않아요. 나는 아빠의 아내 노릇을 대신할 수 없고, 엄마 탓 하며 미워하는 일도 이제는 그만 하고 싶어요. 이번 생애 각자가 짊어진 멍에는 그냥 각자 지고 갔으면 해요. 그러니 술 좀 그만 드시고 노후 생각도 하셨으면 좋겠어요. 평생 힘든 노동 않고 귀하게 사신 분이 말년에 이렇게 힘들게 일하시는 모습도 너무 안타깝지만 인생은 어쩌면 공평한지도 모르겠어요. 저는 초년이 너무 힘들었으니 말년은 좀 편안했으면 좋겠다는 생각도 해봅니다. 여하튼 술 드시고는 제게 전화하지 마세요. 엄마랑 이혼하는 문제는 두 분이 알아서 결정하시고 더 이상 제 의사도 묻지 마세요. 서운하셔도 어쩔 수 없어요. 아빠의 감정은 이제 아빠 스스로 돌보시거나 가까운 지인들과 나누시길 바라요. 재차 권해 드린 대로 심리 상담을 받으셔도 좋겠어요.

  엄마, 나도 둥글둥글하게 좀 살고 싶네. 엄마 딸이 예민한 성격은 맞지만 사람들과 크게 부딪힐 일도 없고 스트레스 받을 일도 많지 않아. 물론 육아가 참 힘들긴 하지만 내가 낳은 예쁜 내 새끼이니 감당할 만하다고 여겨. 근데 엄마의 빚은 더 이상 감당하고 싶지 않아. 내가 아이를 낳고 키워보니 엄마 아빠가 내게 베풀어 주셨던 모든 것들이 결코 당연하지 않음을 알게 됐어. 항상 좋은 것만 먹이고 입히고, 양질의 교육을 위해 애써 주셨다는 것도 이제는 얼마나 감사한 일인 줄 알게 됐다구. 그렇지만 고군분투하며 버틴 직장생활 내 옷 한 벌 사 입지 않고 알뜰살뜰 아껴 모은 월급을 밑 빠진 독에 물 붓기 하는 심정으로 엄마의 빚을 갚는 데 썼던 일은 그리 온당하게 여겨지지 않아. 그때로 다시 돌아간다면 난 좀 이기적으로 살고 싶어. 차라리 아빠 조언대로 땅이나 아파트를 사둘 걸 하고 얼마나 후회했던지. 하지만 난 아마 다시 돌아간대도 같은 선택을 할지 모르겠네. 어쨌건 난 엄마 배에서 난 엄마 딸이니까. 이제와 그 빚은 어찌할 수 없지만, 지금이라도 제발 정신 좀 차렸으면 좋겠어. 경제관념도 갖고 최소한 자식에게 폐 끼치는 부모는 되지 말아야지. 엄마도 아빠 못지않게 자존심 강한 사람이잖아.

그리고 둥글둥글하게 살란 말은 내 앞에선 하지 말아주길… 둥글다 못해 내가 닳아 없어진 것 같은 지경이니 더 이상은 그렇게 살고 싶지가 않아. 대신 좀 더 이기적으로 살게. 그래야 엄마 딸이 살 것 같아. 앞으로 좀 더 모난 딸이 되더라도 이해해줘요. 모나봐야 엄마의 둘째 셋째 자식보다 훨씬 마음 여리고 바보 같은 첫째인 거 엄마도 알잖아. 엄마를 미워한 세월이 너무 길지만 그래서 많이 미안하지만, 더 이상은 엄마를 미워하지 않아도 됐으면 좋겠어. 그럴 만한 에너지도 내겐 이제 남아 있지 않으니 부디 그랬으면 좋겠어.

여보, 당신에게도 할 말이 참 많지만 나는 당신에게 고맙다는 말을 먼저 하고 싶어. 매사 자기중심적인 둘째 아들로 자란 당신이 우리 집에 맏사위로 장가와서는 형부, 매형 소리 들으며 아내의 어린 동생들을 품고 맏이 역할을 나누어 져야 했으니. 착한 딸 콤플렉스가 심한 아내와 그 가족을 껴안고 가는 일이 결코 녹록지만은 않았음을 알아요. 둘째의 대학원 졸업식 날 꼭 참석하고 싶다고 연차까지 쓰고 가족들을 태워 서울까지 장거리 운전을 도맡았을 때도, 막내의 기숙사까지 매번 짐을 실어 나르고 고속도로를 오가던 때에도 나는 얼마나 고마웠는지 몰라. 결혼 후 얼마 지나지 않아 터졌던 엄마의 빚 문제로 함께 마음 쓰고 그간 모은 돈을 보태야 했던 때엔 너무 많이 미안하고 면목이 없었어. 비록 맞벌이를 하던 때였지만 그게 당연하게 할 수 있는 일은 아니었다는 것도 잘 알아. 많이 고맙고 미안해. 아마 반대로 시댁에서 이런 문제가 터졌다면 나는 당신이랑 이혼까지 했을지도 모른다는 말은 농담이 아니었으니.

여보, 근데 나 좀 이기적으로 살기로 했어. 당신도 그랬겠지만 나 그간 너무 많이 힘들었고, 이젠 좀 내려놓고 싶네. 착한 딸, 착한 며느리, 좋은 아내, 좋은 엄마가 되기 위해 너무 많이 애쓰고 산 세월이 억울하진 않은데 이젠 좀 나를 위해 살고 싶어. 내가 이런 말 하면 당신은 또 어이없는 웃음으로 받아칠지도 모르겠지만 진지하게 말하는 거야. 마누라가 아파 병들어 죽는 것보단 못되고 이기적인 마누라라도 함께 사는 게 백번 낫잖아. 안 그래? 우리 서로 자신을 돌보며 살았으면 좋겠어. 지금처럼 아내가 하는 일들을 잔소리 없이 묵묵히 바라만 봐줘도 난 더 바랄 게 없으니, 돈 버는 일에 아직 게을러도 조금만 이해해줘요. 지금은 돈이 되는 일보다 나를 찾는 가치 있는 일들에 내 에너지와 시간을 쏟고 싶어.

그래도 당신 마누라 아직 능력 있으니까 당신도 힘들 땐 언제든 이야기해요. 영양제만 털어 넣지 말고 짬 내서 제발 운동도 좀 하고. 회사일이 너무 힘들면 언제든 내려놓고 쉬어도 좋아요. 그땐 내가 나서서 뭐든 해볼게. 서로가 서로에게 든든한 버팀목이 되어줍시다.

'시간을 거슬러 올라가 자신을 가장 위로해주고 싶은 순간'에 대한 글쓰기 주제가 정해졌을 때, 사실 나는 한참을 생각해야 했다. 어느 순간이라고 특정 짓기에는 너무 오랜 세월 힘듦이 이어진 것 같고, 그 힘듦을 글 속에 고스란히 녹아내기에는 결코 가볍지 않은 주제라 많이 망설였다. 자신이 없었다는 표현이 더 맞을 게다. 어쩌면 지금까지 이어져오고 있는 그 아픔을 정면으로 마주할 자신 말이다. 그런데 막상 글을 쓰면서 전혀 예상치 못하게도 '그날의 기억'이 툭 비집고 나온 바지 주머니 마냥 그렇게 내 안에서 비집고 나왔다. 주머니 안에 들어 있던 어쩌면 수치스러웠던 그날의 기억을 아무렇지 않은 듯 주섬주섬 주워 담은 글이 나를 토닥토닥 위로해준다.

...

애썼다고,

잘 지나왔다고,

이제 내가 기꺼이 네 편이 되어 주겠다고.

점잖은 아이,
일곱 살의 나를 위로하며

 돌아가신 나의 할머니는 내게 자주, 아주 자주, 정말 자주자주 '아이고오- 우리 강아지 차암 음전타. 음저네[1].' 하고 말씀하셨다.

 그러면서 등허리를 쓰다듬어 주셨고 나는 그때마다 그 곁에 사람 손 탄 고양이처럼 아주 순순히 앉아있었다. 나만 보면 음전하다, 점잖다, 자주 말씀하셨다. 나는 그때 그 말의 뜻을 잘 몰랐지만 소란하게, 귀찮게 질문하지 않고 그저 어른 곁에서 가만히 책을 읽거나 도와드리면 그

---
1) 음전하다 : 말이나 행동이 얌전하고 점잖다.

런 말씀을 하셨으니까 그게 그런 행동에 대한 칭찬인 것쯤으로 알고 있었다.

 그런 내가 한창 외동으로 자라다 일곱 살일 때, 지금의 여동생이 태어났다. 엄마는 산후조리와 갓난쟁이 육아에 바빴을 것이고 아빠는 네 식구 밥벌이에 바빴던 무렵, 나는 유치원에 입학했다. 입학과 동시에 엄마들을 위한 오리엔테이션이라는 게 있었다. 밤낮이 뒤바뀐 신생아에게 꼼짝없이 붙들려 24시간이 고되던 나의 엄마는 내 유치원 오리엔테이션에 참석할 수 없었던 터, 원의 전달사항을 가정통신문으로 받았다. 매일 원으로 아이가 마실 우유를 보내 달라는 안내를 잊은 첫날, 나와 서너 명의 친구들을 제외하고 모두가 원에서 나눠주는 혹은 가져온 우유를 마시고 있었다. 나처럼 마실 우유를 준비하지 못한 친구들과 가만히 서서 우유를 마시는 친구들을 바라보고 있었던 짧은 순간이 아직 생각난다. 그날 나는 하원 후 집에 와서 방에 이불을 깔고 베개를 찾아 누웠다. 엄마는 내가 어디 아픈가 살폈고, 여느 때와는 다른 행동에 유치원에 물어봤겠지. 누워있던 나는 엄마에게 '우유 마시고 싶어.'하는 말로 돈을 받아 우유를 사고 머리맡에 200ml 흰 우유를 두고 두어 모금 마시다가 시름시름 다시 누웠던 날이 있었다. 나는 우유를 그닥 좋아하지 않는데, 그리고 그때 꼭 안 마셔도 됐는데. 지금 생각해보니 나는 그날 속이 많이 상했다. 후에 어른이 되어서도 마음이 헛헛한 날 200ml 우유를 사 마시고 싶어지는 건 그런 이유 때문일까.

점잖다는 말이 큰 칭찬으로 느껴진 나는 곧잘 산만한 또래 속에서 '나는 아닌데, 나는 점잖으니까. 나는 착한데. 쟤랑 다른데.' 속으로 이런 비교도 자주 했고, 친구들 속에서 어울릴 땐 까불댔지만 선생님을 비롯한 어른들 앞에서는 다루기가 꽤 수월한 모범어린이로 비쳤다.

바르고 어른스럽고 또래보다 성숙한 아이의 장점은 많았다. 수학여행에서 술이 있나 없나, 내 가방은 딱히 검사하지 않던 선생님들과 친구들이 각자 엄마들에게 나와 논다는 핑계를 대면 다들 수긍하시는, 그래서 어른 앞에서의 가식이 아주 자연스러운 그런 아이. 그랬던 나를 떠올리니 가슴이 아프다. 나도 칭찬해달라고, 저게 갖고 싶다고, 안 괜찮다고 더 울고 더 떼쓸 줄 알았어야 했다고 생각한다. 그때 충분히 그러지 않으면 후에 '별난 어른아이'가 되어서 부모의 속을 뒤늦게 썩이고 힘들게 한다는 걸, 부모에게 더 큰 실망을 안긴다는 것을 알았기 때문에.

 이제 나는 우유가 아닌 한 잔의 소주로 나 자신을 위로할 수 있는 어른이 되었다. 키즈노트를 통해 공지사항을 확인하여 아이의 준비물을 챙기는 엄마가 되었다. 한 아이를 키우는 입장이 되어보니 의젓한 아이였으면 좋겠고 내 마음도 헤아리는 속 깊은 아들이었으면 좋겠지만 그것은 어른의 욕심. 점잖다는 건 키우는 사람에게나 편한 일이지 아이에게 좋지 않다는 걸 아는 한 아이의 양육자가 되었다.
 나의 일곱 살에 비춰보았을 때 나의 아이는 자신의 때에 맞게 잘 크고, 자신의 감정을 잘 표현하기를. 사람도 삶도 제대로 사랑할 줄 알고 사랑을 제대로 받아서 또 사랑을 제대로 줄 줄 아는 아이이기를. 자신이 있고 뭔가를 시도하는 일에 주저하지 않고 강자에게 강하고 약자에게 약한 그런 친구로 자라길 바라게 된다.

하지만 이 모두가 또 다시 내 욕심인 것을. 오소희 작가의 〈엄마의 20년〉을 오늘도 펼쳐 내 인생은 나의 것, 애 인생은 애의 것. '나나 잘하자'고 다시 한번 되뇌인다.

공주야, 연주야

"공주님, 내 옆에 오세요."
"공주님, 도와주세요."
"공주님, 고맙습니다."

공주님. 엄마인 내가 바로 반응을 안 할 때 소훈이 쓰는 치트키다. 나를 낳아준 부모님에게도, 남자친구에게 애칭으로라도 한번 들어보지 못한 말을 아이에게 듣는데 기분이 이상하면서도 묘하게 따뜻했다. 그냥 몇 번 불러줬을 뿐인데 마음이 다독여졌다.

살면서 한 번도 공주였던 적이 없었다.

없었을 뿐더러 단 한 번도 원한 적 없었다. 흔히들 예비신부가 공주 대접 받는다는 결혼 준비 과정에서 다양한 웨딩드레스를 입어보는 그 시간이 나는 너무나 소모적으로 느껴져 살면서 결혼 준비 하는 때가 '공주놀이'를 할 수 있는 때라던 기혼자들의 조언을 듣고도 10분만에 세 벌 입어보고 미련없이 놀이를 끝낸 예비 신부였다. 소요시간이 긴 드레스 피팅이 기다리기 지루하기에 지켜보는 사람 입장에서는 좋아할 법도 한데 속전속결로 선택을 끝내니 나의 배우자는 이런 나를 오히려 안타까워 했다. 나는 공주 같은 행동에는 두드러기가 있을 정도로 털털함을 자랑하며 자라왔고, 간혹 공주과인 친구들을 보며 '쟤 왜 저러는데?' 하는 시선도 거침없이 보내곤 했다. 그런 내가, 어째서 이제 와서 그 말을 요구하게 됐는지 가만히 내 마음을 들여다보았다.

나와 한 살 터울인 사촌 언니에게 큰아빠, 큰엄마는 "공주야"하고 부르셨는데, 그게 일상화되면서 온 가족들이 명절에 모이면 언니를 '공주'라고 불렀고 나도 언니를 '공주언니야'하고 불렀다. 나는 옥숙이, 언니는 공주. (언니의 본명도 돌림자로 인해 원숙이었다.) 그렇게 불렀다. 외동인 시간이 길었던 나는 공주언니를 무척 따랐고 그런 언니도 "내 동생~"하며 나를 예뻐해 주었다. 언니는 동생인 내가 보기에도 정말 사랑스러웠고 애교가 많은 천상 막내 딸이었다. 나는 그런 언니에 대해 질투심을 한 번도 느끼지 않았다. 불리는 이름에 대해 시기할 수도, 시기할 생각도 못했다. 나보다 몇 개월 앞서 태어난 공주언니는, 내가 태어난 이후 쭉 공주라 불렸기 때문에 그것이 너무나 당연해 서러움을 느낄 틈이 없었다. 명절마다 만날 수 있는 우리, 연휴가 끝나면 서울 사는 언니와 대구에 사는 내가 헤어지는 게 싫어 늘 차 문에 매달려 '언니야, 우리 집에 가자'며 울먹였고 언니도 '네가 우리 집에 같이 가면 안 돼?'하며 남다른 우애로 우리는 지켜보는 어른들을 흐뭇하게 했다. 전화 통화로 모자라 겨울방학 땐 씰이 붙은 크리스마스 카드를 주고받으며 서로의 안부를 확인하고 그 답장에 기뻐하던 애틋한 자매였다.

아빠는 명절만 되면 우리 할아버지처럼 예민해지셨다. 사람이 많이 모여서 그랬나, 가족 중 만만한 누군가에게 자꾸 뭘 지시하고 싶어하고 뜻대로 되지 않으면 심통을 부리곤 했다. 공주언니와 내가 합천 할머니 집의 그 담벼락 아래 소꿉놀이를 하고 있으면 내 이름을 거칠게 불렀다. 그러면 엄마가 달려가 아빠의 요구를 들었다. 내 이름을 부르지만, 실은 아빠가 엄마를 부르는 방식이었다. 나는 그날도 아빠가 엄마를 부르는구나, 하고 풀을 짓이기며 소꿉질을 하고 있는데 다짜고짜 와서 불러도 왜 답을 않느냐며 마실 물 좀 떠 오라 했다. 나는 군말 없이 음식 준비 중인 엄마와 큰엄마들이 계신 곳으로 물을 뜨러 갔고, 공주언니는 같이 놀다 물 떠 오는 나를 물끄러미 보다 "삼촌이 목마른데 왜 옥숙이 시켜요?"하고 물었다. 정말 궁금한, 순진무구한 아이의 질문. 아빠는 "맞네!"하고 공주언니를 보며 껄껄 웃었다. 당시 내가 느낀 언니의 그 질문은 너무나도 당돌하고 불편한 것이었다. 그 순간 언니의 말에 아빠가 더 화를 내진 않을까 하고 눈치 봤던 기억이 난다. 그 후에도 명절에 언니와 오순도순 금 같은 시간을 보내고 있으면 아빠의 뜬금없는 부름은 꼭 놀이에 빠져 있을 때 시작됐다. 본인이 신다 벗은 양말을 개서 치워두라는 둥, 나가서 친척들 신발 정리를 좀 하라는 둥. 언니와 같이 하라는 것도 아니고 나만 유독 그렇게 불러댔다. 언니에겐 모두가 "공주야~"하고 따뜻하게 불렀는데. 그때를 떠올리니 참을 수 없었다. 그 옛날 아빠한테 일방적인 부름과 다그침을 당하고 할머니에게 달려가 안겨 울던 밤처럼 꺽꺽 소리 내서 서럽게 울었다.

내면의 아이가 그게 부러웠구나. 그 한정없는, 조건없는 예쁨이 나는 너무너무 고팠구나. 그때 어린 나는 또래에 비해 성숙했을 뿐, 어른이 아니었다. 엄마가 한번씩 아빠에게 하던 말대로 '애를 어른 취급'하면 안 되는 거였다. 나 역시도, 내 아이를 내가 받아온 대우대로 '어른 취급'하면 안 되는 거였다. 나도 모르게 모임에 아이를 데리고 나갔다가 따뜻한 마음에서 소훈을 챙겨주려는 손을 차단하곤 했다. "괜찮아요, 괜찮아요. 애 그냥 두시면 돼요." 하면서 말이다. 아이를 위함이 아니라 내가 불편해서.

나는 공주이고 싶지 않았다. 동시에 애어른이고 싶지도 않았다. 다시 태어난다면 외동도, 맏이도 싫고 한 집의 막내로 태어나고 싶다. 공주언니처럼 뭘 해도 예쁨 받고 수용 받는 그런 존재이고 싶다.

곁에서 아이가 "공주님, 이제 자자요"하고 날 부르는 소리를 듣던 남편은 "왜 왕비가 아니라 공주야?"하며 물었다. 나도 그게 궁금했다. 그리고 가만히 마음을 들여다보니 답이 나왔다. 내 내면 아이가 공주를 원하기 때문이었다. 챙김받고 수용받고 존중받길 원하기 때문이었다. 그 욕구를 아이를 키우며 들춰보게 되었고 그 요구를 아이가 들어주고 있다니. 고맙고 짠하다. 언제까지 소훈이가 나를 공주님, 하고 사뿐히 불러줄지 모른다. 하지만 그렇게 불리고 싶은 이유를 알게 되니 이제 충분하다. 그리고 행복하다. 서른 넷의 연주가 일곱 살의 옥숙이[2]를 안아줄 수 있어서, 이젠 나 스스로를 지킬 수 있는 어른이 된 것 같아서.

---

2) 2017년 '박옥숙'에서 '박연주'로 개명을 했다.

나에게 주는 선물

나를 위한 선물이란 글쓰기 주제를 두고 몇 날 며칠 고민을 좀 했다.

나를 위한 선물, 여러 가지가 떠올랐다.

내가 좋아하는 영화를 볼까? 아니면 단 몇 시간만이라도 혼자 훌쩍 여행을 떠나볼까? 라는 시간적 보상과 소소하지만 내가 번 돈으로 필요한 것들, 장비들을 사야 할까 하는 물질적 보상까지 다양하게 생각하고 있노라니 행복했다. 그래. 내가 이 주제를 제안한 이유는 바로 이것이었다. 스스로에 대한 보상을 생각하며 행복하고 설렐 수 있도록 만들고 싶었다.

　우선 시간적 보상은 예전만큼 그렇게 필요하진 않았다. 지금은 아이들 등원을 시키고, 매일매일 글에 대한 생각을 하고 글을 쓰고, 독서를 하는 일상적인 것들만으로도 벅찬 하루하루이고, 아직은 이 일상들이 가장 재미있고 열정을 다하고 싶은 그런 일이기 때문이다.

　예전, 그러니까 학창 시절에는 마음이 헛헛하고 채워지지 못해서인지 온전히 밖으로만 나돌았다. 물론 젊은 날의 특권이기도 한 걸 잔뜩 누리려는 마음도 있었지만 지금 생각해보면 갈피를 못 잡고 헤매었던 거다.

　내가 무얼 원하는지도, 무얼 하고 싶은지도 잘 몰랐던 시기. 친구나 이성의 관계에 초점을 맞추며 그들에게 의지하던 시간을 지나 아이를 낳고 나는 진짜 나를 돌아보기 시작하면서 오히려 내 안에 머무르는 시간이 더 늘어났다 할 수 있겠다. 그래서 아직은 이 일상을 완전히 벗어날 만큼의 일탈이 필요하진 않았으며, 시간적 보상은 나를 위한 선물은 아니었다.

그래서 물질적 보상으로 눈을 돌렸다.

내가 좋아하는 글을 써서 처음 번 돈을 꽤 오래 적금 통장에 고이 모셔두었었다. 그러다 문득 이 돈을 그저 움켜쥐고 있기보단 중요한 무언가를 사서 두고두고 보며 자랑스러움과 뿌듯함을 느끼면 좋겠구나 하는 생각이 들었다. 적금에 넣어두었던 100만 원. 어떻게 쓸까 고민하기 시작했다.

이른바 100만 원 탕진 잼.

제일 먼저 나는 몇 달 전부터 고민 고민하던 노트북을 지르기로 결심했다. 남편의 노트북이 있어 그걸로 매일 글을 쓰곤 했는데, 15인치 노트북에 두껍고 무거운 편이어서 백팩에 듣고 다니기가 좀 번거로웠다. 카페에서 글을 쓰며 다른 사람들의 노트북을 보는데 어쩜 저렇게 가볍고 작은 노트북이 있을까 늘 부러움의 시선으로 보곤 했다. 그리고 집에서도 식탁에서, 침실에서, 작은방에서 이렇게 돌려가며 쓸 때가 있는데 옮기기가 여간 귀찮은 것이 아니었다.

그러다 그날 아침. 남편이 요즘 자격증 공부 때문에 회사 가기 전에 노트북으로 인터넷 강의를 듣는데 난 급하게 올려야 할 글이 있었다. 노트북을 달란 말도 할 수 없고 핸드폰으로 쓰다 결국 오후나 되어서야 작성을 완료했다. 난 그 글을 보낸 직후 남편에게 메시지를 보냈다.

"나 노트북 얇은 거 하나 살게. 브랜드 아니라도 되니까 가볍게 들고 다닐만한 거 하나만 알아봐 줘."

그렇게 무조건 휴대하기 좋고 가벼운 노트북으로 알아봐 달라고 부탁을 했고, 몇 번의 메시지를 주고받고는 결정해서 바로 사버렸다. 몇 달이나 사고 싶다 고민하던 일이 무색할 만큼 순식간에 벌어진 일이었다.

책보다도 더 얇고 가벼운 노트북을 받아 들곤 나는 아이처럼 좋아했고, 연신 감탄을 해댔다. 그런 나를 보며 남편도 씩 웃었다. 이른바 나는 '꿈에 대한 투자'라는 명목으로 노트북을 질러버렸고, 지금 내 전용 노트북이 된 그것으로 글을 쓰는 중이다.

새로 산 노트북 때문에 신나 방방 뛰는 날 보며 첫째 딸이 부러워했다. 나는 자신 있게 말해주었다.

"이거 엄마가 번 돈으로 산 거야."

아이는 진심으로 더 부러워하며 물었다.

"이거 천 원짜리 몇 개 있으면 살 수 있어? 나도 용돈 모아서 살래."

후훗. 나는 잽싸게 웃어주곤 "어른되면 사."했다. 뿌듯했다.

난 이 작은 노트북을 가지고 많은 곳을 누비며 많은 영감을 받아 글을 쓰고 싶다는 생각이 들었다. 처음으로 산 고가의 '내' 노트북. 나는 이걸 보며 다시 꿈을 되새기고, 이 노트북을 펴 꿈을 꿀 것이다.

이 노트북을 지르곤 20만 원 정도가 남았다.

이걸 또 어디다 쓸까 고민을 하다 작년에 둘째가 태어난 후 할까 말까 고민만 하다 못했던 에어컨과 세탁기 청소를 하기로 했다.

사실 에어컨과 세탁기가 고장이 난 것은 아니므로 그냥 쓸 수는 있다. 냄새야 좀 참으면 그만이고, 육안으로 확인할 수 있는 위험이 없으니 20-30만 원 하는 그 청소 비용이 얼마나 아까운지 선뜻하기가 망설여졌다. 그래서 그걸 하기로 마음먹었다. 매달 생활비에서 나가는 지출이 아니고 내가 꽁꽁 쥐고 있던 돈에서 나가는 거니 부담도 없었고, 올여름은 맘 놓고 아이들에게 신선하고 좋은 공기를 줄 수 있겠다는 생각에서 나는 당장 신청을 했다.

원래 예정에 없던 세탁기 청소는 같이 하면 싸진다기에 인터넷으로 바로 예약을 해버렸다. 100만 원에서 10만 원 초과.

그렇게 나는 묵혀둔 내 돈을 다 탕진해버렸다.

혼자일 때 밥 시켜먹는 죄책감에서 벗어나게 해 주고, 비싼 커피를 마실 때 든든하게 나를 수호해주던 내 첫 글쓰기 수입은 그렇게 바람과 함께 사라졌다.

하지만 후회는 하지 않는다. 이 돈이 빠져나간 자리의 결핍을 채우려 나는 더 열심히 일 하려고 노력할 테니까. 헝그리 정신을 발휘하여 말이다.

이번에 나에게 주는 선물은 바로,
'보람'이었다.
뿌듯한 보람은 나를 다시 시작하게 해 주었다.

나는 다음 선물을 다시 기약하는 중이다.

다음엔 또 어떤 테마로 나에게 선물을 줄 수 있을까?

일상의 가치와 교육

30호 가수가 장안의 화제다. JTBC 오디션 프로그램 〈싱어게인〉을 통해서다. 얼마 전 텔레비전을 시청하다 30호 가수가 부르는 이효리 노래를 들었다. 내가 알고 있던 이효리의 노래가 아닌 전혀 새로운 노래가 30호 가수의 입에서 나오고 있었다. 그가 풍기는 신비한 아우라가 넘치는 재능과 창의력에 더해져 있어서 그 모습을 넋 놓고 보느라 채널을 고정할 수밖에 없었다. 그 후 다시 그의 이야기를 접한 건 우연히 읽은 기사를 통해서다. 30호 가수의 아버지 이재철 목사의 인터뷰 기사였다. 이렇게 자유로운 영혼의 아버지가 목사님이라니. 그것도 기독교계의 존경을 한 몸에 받는. 기사에 따르면 이 목사 교육관의 핵심은 '바른 삶'이라고 했다. 이때까지만 해도 목사니까 당연한 것으로 생각했다. 하지만 그가 자녀를 대할 때 직선 위에 두지 않고 원 위에 둔다고 했을 때 30호 가수의 특별함이 괜한 것이 아니라는 생각이 들었다. 직선 위에 있을 때는 항상 나보다 앞선 사람이 있어 낙오할 수밖에 없지만, 원 위에서는 내가 항상 1등이란다. 남과 비교하지 않고 자신만의 영혼을 갖는 삶을 강조했다.

하지만 사실 여기까지는 누구나 알고 있다. '나다움', '자기 자신 찾기', '남과 비교하지 않기'는 자기계발서 에서부터 철학서에 이르기까지 흔히 등장하는 주제이자 핵심 삶의 가치다. 하지만 이 목사가 '자립심', '예의', '정리정돈'을 이를 위한 필수 요소로 들었을 때 무릎을 '탁' 쳤다. 얼마 전 유튜브에서 조승연 작가의 어머니가 자녀교육에서 '자생력', '생활 기술', '문화 자본'을 강조했던 내용이 함께 떠올랐다. 이 목사의 말과 같은 맥락이었다. 특별한 영혼의 결을 가지기 위해서는 자신의 사소한 일상부터 챙기는 것이 먼저라는 것이다. 자존감 높이는 방법이라든지 공감하는 대화, 책 육아나 신경 썼지, 정작 정리 정돈하는 방법, 스스로 밥 먹기나 옷 입기, 부모나 타인에게 갖춰야 할 예의 등의 교육은 나이가 어리다는 이유로 미루고 있거나 무게를 두지 않았다. 다시 말해 명시적으로 교육의 영역에 포함하지 않았다. 솔직히 이런 기본에 대한 기준이 없었다고 해야 할 것 같다. 그러다 보니 자연스럽게 나의 기본 생활 습관과 몸가짐에서 풍겨 나오는 태도까지 들여다보게 된다. 이러면서 자기반성 시간으로 넘어간다. 몇 가지 질문을 던진다. 나에게.

나는 남편 없이 경제적, 정서적 독립체가 될 수 있는가? 살림과 정리 정돈은 얼마나 효율적으로 이뤄지고 있는가? 아이와 공감하며 즐겁게 대화 나눌 거리를 잘 만들 수 있는가? 우리 가족만의 고유한 문화가 있는가? 일상을 충만하게, 순간을 유의미하게 보낼 수 있는 감성적 기능적 기술과 도구는 장착하고 있나? 무엇보다 반복되는 삶 속에서도 의미를 찾으려는 의지가 충만한가? 노력하고 있는가? 아니 제일 중요한 것! 부지런한가? 몸이 따라

주는가? 운동하고 있는가? 아니다 더 중요한 것. 이 모든 정신적, 육체적 게으름을 덮을 수 있는 질문. 내가 좋아하는 것에 지금 몰. 입. 하고 있는가? 나는 내가 좋은가?

일상에 대해 고민할 즈음 〈사는 게 힘드냐고 니체가 물었다〉라는 책을 만났다. 이 책이 나에게 '당신의 삶을 예술가의 정신으로 살아내고 있는가?'라고 질문했을 때, 정신이 번쩍 들었다. 책은 대충대충 수동적으로 살면서 인정받고 싶어 하는 내 모습을 단호하게 지적하면서 마음속에 부글거리는 유아기적 불만을 잠재웠다. 지금 당면한 삶의 장면은 오롯이 내 몫이며 내 책임이라는 것과 동시에 내가 통제할 수 있다고 말해주었다. 욕심을 하나 들춰내고 나니 있는 그대로의 내 모습이 보였다. 이것도 나쁘지 않았다. 새벽에 잠에서 깨었다. 과거가 주마등처럼 스쳐 지나갔다. 지난 시간 속에 켜켜이 쌓인 내 이야기들. 모두가 나를 이루고 있었다. 지금의 나를 이루는 데에 필요했던 시간과 경험들. 가슴속에서 어떤 뜨거운 것이 올라왔다. 나에게도 나만의 이야기가 있었구나. 니체가 말한 철학을 정확히 이해하지 못하지만, '삶을 온전히 받아들여라'라고 말하는 메시지가 내 가슴을 후벼 팠다. 한참을 울었다. 그러고 나니 새로운 열망으로 들어간 느낌이었다. 나는 내 인생이라는 무대 위에 내 삶을 자유로이 연주하는 예술가다.

가족, 그 위대한 유산

올해 가장 잘한 일 : 위대한 유산

남편의 우선순위

최악의 여행

나만 조급하지 않으면 이 아이는 잘 자란다

육아상담을 다녀와서

봄이 말하기를

한 여름 밤의 깜짝 소동 (남녀 심리 설명서)

넌 그 자체로 빛나는 별이야, 널 보라해

올해 가장 잘한 일
: 위대한 유산

 지난주, 남편을 제외한 세 여자들이 모두 노로 바이러스에 걸려 고생을 했다. 김장하고 생굴과 소주를 신나게 들이켠 내가 거의 죽다 살아났고, 나와 붙어있던 아이들도 걸리고 말았다.

 첫째 아이는 등원을 하지 못했고, 우리 셋이 집에서 하루 종일 뒹굴뒹굴할 때였다. 큰 아이는 블록을 가지고 놀겠다며 거실에 큰 블록 통 두 개를 모조리 쏟아냈다. 작은 아이도 언니 따라 옆에 붙어서는 블록을 이리 만지고 저리 만지며 놀고 있었다. 나는 어제 미뤄둔 설거지를 하고, 식탁을 치우고, 이불을 갠 뒤 아이들에게 가려다가 식탁에서 무언가를 발견했다.

바둑알 다섯 개와 장기알 하나, 작은 블록 하나가 가지런히 놓여있었다. 분명 아까 식탁을 치울 땐 없던 거였다. '이게 뭐지?' 하며 가만히 생각하는데, 분명 블록 박스 안에 바둑알이 놓여있던 생각이 났다. 그 전날에도 그 블록 박스에서 바둑알을 기어이 찾아낸 구강기인 2살의 작은아이가 바둑알 두 개를 입에 물고 오물거려 빼느라 진땀 뺐던 기억이 있었다. 그때 내가 보이는 건 모두 찾아 바둑알 통에 넣어두었었는데, 다른 블록 박스에 또 바둑알이 있었던 모양이었다. 불현듯 그 바둑알이 식탁 위에 가지런히 놓여있는 이유를 유추해냈다.

"다현아, 네가 이거 지민이 먹지 말라고 여기 모아서 올려둔 거야?"

"응. 바둑알 먹을까 봐 내가 거기 올려둔 건데? 왜?"

나는 설마 하며 물었는데 진짜라니 참 놀라우면서도 감동적이었다.

"우와, 엄마가 시킨 것도 아닌데, 동생 생각해서 여기

놔둔 거야? 다현아, 진짜 고마워. 정말 대단하다."

아이는 그렇게 큰 칭찬을 받을만한 일인 줄 몰랐던 듯 어리둥절하다가 이내 기분 좋은 부끄러움으로 몸을 배배 꼬았다. 솔직히 속으로 정말 감동했다. 구강기인 작은 아이가 작고 동그란 걸 먹고 삼키지나 않을까 늘 노심초사하는 엄마 아빠를 보면서 6살 아이는 스스로 바둑알을 작은 손으로 꽁기꽁기 챙겨 동생 손이 닿지 않는 식탁 위에 올려두다니! 그 마음이 너무 예쁘고, 대견했다.

작년 이맘때 작은 아이가 태어났다. 12월 25일 크리스마스가 예정일이었던 아이는 5일 일찍 세상에 나왔고, 오늘처럼 추운 겨울 새벽에 진통을 느껴 병원에 갔던 기억이 새록새록 났다. 나는 둘째 아이가 태어나기 전부터 첫째 아이가 어떻게 하면 동생을 가족의 일원으로 잘 받아들일 수 있을까? 참 많은 고민을 했다. 관련 책도 사서 보고, 유투브에 영상도 찾아보고, 주변 사람들에게 조언도 구하면서 대비를 했다. 그도 그럴 것이 주위에 동생이 생긴 아이들을 보니 갑자기 등장한 동생 때문에 스트레스를 받아 퇴행이 온 아이들이 많았다. 퇴행까지 오지 않더라도 떼가 늘고, 동생을 질투하는 아이들이 대부분이었다. 한 집안에서 아이도 엄마도 힘들어하는 걸 보면서 아이 둘 육아로 인한 몸의 피로함보다는 그게 더 두려웠다. 특히나 예민하고 받아들이는 데 시간이 걸리는 기질을 가진 첫째 아이가 과연 동생을 잘 받아들일 수 있을까? 출산일이 다가오면서 더 걱정이 많아졌었다.

그래서 나는 올해 초 조리원을 나올 때 어디서 검색해본 방법대로 첫째 아이가 좋아할 만한 장난감 선물을 샀고, 둘째 아이 이름으로 편지를 썼다.

[언니 만나서 반가워. 사랑해.]

누가 봐도 엄마가 쓴 편지라 통할까 걱정되었지만, 선물과 함께 건넨 편지의 효과는 실로 엄청났다. 아이는 동생이 온 것에 대해 기뻐하고 동생으로 인해 좋은 일이 생긴다는 인식을 확실히 심어줄 수 있었다. 그 뒤에도 나는 둘 사이가 좋게 유지되기 위한 나만의 룰을 세웠다.

첫 번째 나는 절대 "네가 언니니까 동생한테 양보해줘."란 말을 하지 않는다. 이 말은 동생이 태어나기 전부터 절대 하지 말아야지 생각하며 의식적으로라도 하지 않는 말이다. 언니인 6살도 아직 어린아이이다. 양보하기 싫은 어린아이. 그런 아이에게 동생이니까 무조건 양보해줘. 라는 말은 절대 하지 말자 맹세했었다. 다만 더불어 살아가는 법도 알아야 하니까 적당히 타협할 수 있도록 해결책을 제시해줄 때는 있다. 예를 들어 동생이 자기가 애써 만든 블록을 부수려고 하면 높은 데 갖다 놓으라고 한다거나 동생에게 다른 장난감을 쥐어주며 현혹하는 방법 같은 것 말이다. 사실 이 룰을 세우게 된 데에는 나의 어릴 적 경험이 작용했다. 나에겐 6살 차이 나는 언니가 있었는데, 엄마가 언니에게 동생이니까 양보해야지 하는 말에 초등학생, 중학생이던 시절 나는 조금 죄책감을 느낀 적이 있었다. 내가 봐도 부당한 것 같은데 언니에게 양보하라고 하니 그 양보를 받는 내 입장에도 언니에게 좀 미안했고 괜히 언니보다 내가 더 사랑받아 그런 게 아닐까 하는 죄책감이 들었었다. 그런 불편한 양보는 우리가 바라는 진짜 양보는 아니었다. 자매 사이엔 두터운 관계를 통한 진심 어린 양보가 필요하다고 본다.

두 번째 '착하다' 대신 '고마워'를 쓴다.

내가 존경하는 멘토이자 육아 전문가인 오은영 선생님의 책에서 그런 말을 읽은 적이 있었다. '착하다.'라는 표현을 하면 아이들은 자기 안에 피어나는 부정적 감정들, 즉 자기만 가지고 싶은 욕심이나 동생에 대한 미움 같은 인간이 충분히 느낄 수 있는 감정들에 대한 죄책감을 느끼게 된다고 한다. '응? 엄마는 나를 착하다고 하는데 나는 동생이 밉다고 생각될 때가 있어. 난 안 착한 것 같은데?' 이런 생각을 하게 된다는 거다. 나는 그 글을 보고 평소에 '착하다.'라는 말을 조심하긴 했지만 동생이 태어나고는 더 조심하는 편이다. 동생은 약하고 어리고 지켜줘야 하는 존재긴 하지만 사사건건 자신을 방해하고 힘들게 할 때가 분명히 있다. 그럴 때 아이가 당연히 느끼는 감정들에 대해 죄책감 들게 하고 싶지 않았기 때문에 동생이나 엄마 아빠를 도와주더라도 착하다 라는 표현보다는 고맙다는 표현을 쓴다.

이제 곧 둘째 아이의 돌이 다가온다.

이런 나만의 룰을 토대로 첫째 아이와 둘째 아이의 관계에 대해 난 1년 내내 신경을 썼다. 첫째 아이가 서운하지 않고 동생이란 존재를 잘 받아들이도록, 둘째 아이가 언니를 잘 따르고 좋아하도록 그렇게 말이다. 무엇보다 둘의 관계가 돈독하기를 바라는 마음으로 그것에 초점을 맞춰 아이들을 키우고 있다. 앞으로 둘째 아이가 걷고 말하기 시작하면 노력을 더욱 많이 해야겠지만, 어쨌든 지금은 동네 엄마들이나, 친정, 시댁 식구들에게 가면 첫째 아이는 많은 칭찬을 받는다.

한 달 전쯤 시댁에 가서 밥을 먹을 때 그런 일이 있었다. 식탁이 작고 가족은 많아 큰 상 하나를 펴놓고 밥을 먹으려고 하는데 밥상에 잡고 서서 잘도 기어 올라가는 둘째 아이 때문에 다들 불안해서 코로 들어가는지, 입으로 들어가는지 모를 정도로 정신이 없었다. 그래서 난 어쩔 수 없이 맛있는 삼겹살 밥상을 앞에 두고 둘째 아이와 함께 다른 방에서 문을 닫고 식사가 끝날 때까지 기다리고 있었다. 반쯤 밥을 먹기도 했고, 누군가 다 먹으면 교대해주겠지 싶어 서럽진 않았고, 둘째 아이랑 놀아주는 중이었다. 몇 분쯤 지나자 시누이의 중학생인 아들, 즉 시조카가 다 먹고 일어나는 소리가 들렸다. 그러자 옆에 있던 첫째 아이 다현이가 물었다.

"오빠, 다 먹었어?"

"응"

"그럼 엄마 밥 먹게 지민이 좀 봐주면 안 돼?"

누가 시키지도 않았는데 그런 말을 내뱉은 아이를 보며 우리 시어머니와 시누, 남편까지 다 감탄하며 칭찬을 했다. 이 일화를 동네 엄마들에게 이야기하니 진짜 대단하다며 그건 동생과 엄마 둘 다 배려한 것 아니냐고 감탄을 했다. 생각해보니 그 말이 맞는 것 같았다. 지민이는 혼자 있으면 안 되는 어린 아가고, 엄마는 밥을 못 먹고 있으니 다 먹은 오빠에게 부탁을 한 것이었다. 엄마도 동생도 배려한 기특한 발언이었다. 이 일화는 우리 시댁에 가면 아직까지도 두고두고 회자되고 있다.

어쩌면 첫째 아이는 유달리 남의 감정에 예민하고, 신중한 성격이라 내 노력이 아니었어도 아마 동생을 잘 돌봤을지도 모른다. 그래도 연말인 지금 한 해를 정리하며 올해 가장 잘한 일을 떠올리라고 했을 때 나는 첫째 아이, 둘째 아이 관계를 위해 부단히 노력한 게 가장 잘한 일이라고 말하고 싶다. 처음에는 낯설게만 느껴졌던 동생을 가족으로 받아들이고, 모든 게 낯선 갓난아이가 언니라는 존재를 인식하고 따르기까지 1년. 서로의 첫인상을 그래도 좋게 만들어 주고자 노력한 게 올해 내가 가장 잘한 일이라고 말하고 싶다.

훗날, 나는 첫째 아이, 둘째 아이 둘이 세상 둘도 없는 좋은 친구이자 좋은 자매 사이가 되길 진심으로 바란다. 서로가 서로에게 엄마 아빠가 남겨준 '위대한 유산'이 되길. 내가 가장 바라는 것은 그것이다.

위대한 유산

엄마, 아빠가 없어도
서로가 서로의 힘이 되어주길.

엄마, 아빠가 남겨주는
최고의 위대한 유산이 되길.

서로의 인생에 따뜻한 위로와 탈출구가 되어주길.
서로가 서로에게 행복의 울타리가 되어주길.

남편의 우선순위

"내 우선순위는 늘 마누라, 당신인데?"

지금 6살인 아이가 서너 살 즈음 한 남편의 말에 나는 기가 찬 듯 콧방귀를 뀌었다.

"아이고, 어련하시겠어?"

기억은 잘 안 나지만 이런 투로 이야기하니 진짠데! 하며 억울해하던 남편의 얼굴이 기억이 난다.

첫아이 3살 때 이틀에 한번 꼴로 밤에 울어대고, 천성이 예민한 데다 엄마인 나의 성향과는 좀 안 맞는 부분이 있어 그랬는지 한번 꽂히면 심하게 떼를 쓰곤 했다. 그 무렵 나는 아이 때문에 육아와 일상에 지쳐있었다. 그러다 보니 남편과 다툼도 많았고, 진지하게 이혼해서 한 부모 가정으로 어떻게 살아야 하나 고민하던 때도 있었다. 그러던 그 시기에 "자기 우선순위는 뭐야?"라는 내 질문에 돌아온 저 대답은 나에겐 그리 신뢰감 있는 답은 아녔다. 또 싸우기 싫고 내 기분 맞춰주려는 입바른 소리일 뿐이라고 믿는 건 지극히 당연히 일이었다.

그렇게 미운 네 살 육아의 암흑기가 지나고, 서서히 먹구름이 걷어지면서 나는 문득 남편의 "그 대답을 상기시켰다. 그러면서 남편을 잘 관찰하다 보니 그 대답이 진심일 수도 있겠구나." 에서 지금은 "아 그 대답이 진짜였구나!"로 바뀌었다. 이건 내 결혼 생활, 아니 부부 생활에 있어 꽤나 큰 전환점이 되었다. 사실 처음 질문했을 때 나는 우선순위는 당연히 아이들이지. 이른바 답.정.아이들. 을 정해놓곤 물어본 거였다. 왜냐하면 나는 그랬으니까. 아이가 아프면 밤잠을 설치고 보초를 서야 했고, 아이가 떼를 쓰면 육아 정보 프로그램이나 육아서를 뒤지며 한없이 자책감에 빠지기도 하고, 앞으로 어떻게 대해야 할지에 대해 고민하는 게 내 거의 모든 생활을 차지했으므로. 아이의 성장, 인성, 자존감, 건강 같은 아주 작은 것들부터 큰 것들까지 내내 고민해야 할 것들 뿐이었으므로 나는 당연히 아이가 내 관심사 1순위였다.

우리 남편은 나보다 더 심한 걱정봇이라 아이가 조금만 다치고 이상 행동을 해도 걱정의 바다에서 헤어 나오지 못하는 타입이라 나는 남편도 당연히 그렇겠구나 생각했었다. 그런데 함께 나이 먹을수록 자세히 관찰해보니 그게 진심이란 걸 깨닫기 시작했다.

남편은 주말이면 어디를 갈지 늘 내 눈치를 보고 있었고, 아이가 좋아할 만한 곳도 많이 가지만 늘 처음 묻는 건 그거다.

"자기 어디 가고 싶어?"

하지만 난 오히려 주말에 멀리 가면 남편이 피곤해할까 봐 배려하다가 가까운 데 아무 데나 이야길 하곤 했다. 사실 진짜 가고 싶은 데를 가다가도 중간에 행선지를 바꾼 건 거의 대부분 나였으면서 기억하기론 내가 원하는 데

한 군데도 못 가봤어. 이렇게 기억된 것이었다. 그러면서 불만이 쌓이고 오해가 쌓여 싸우는 순간들이 있었다.

그렇게 해서 싸울 때는 정말 말이 너무 안 통하는 이 남편이라는 종자! 라면서 속을 끓였는데, 서로 기억하는 게 달랐다. 남편은 내 말을 너무 곧이곧대로 잘 들었고, 나는 그 미묘한 감정 변화까지 캐치해주길 바랐다. 그래서 그걸 깨달은 요즘은 확실하고, 간결하게 내가 가고 싶은 곳을 말한다. 쭈뼛대지 않고, 빙 돌리지 않고 말이다. 그러면 또 성실하게 잘 들어주는 게 내 남편이다.

그런 것 외에도 경상도 남자라 무뚝뚝해 살가운 말투는 아니지만 늘 내 기분이 어떤지, 먹고 싶은 게 뭔지 물어봐주고 들어주려 노력한다. 한마디로 나를 엄청 신경쓰고 있었다. 아이들의 안위보다 내 안위가 더 걱정인 사람이었다. 왜 난 그걸 늦게 깨달았을까?

처음 결혼을 하고 아이가 태어나기 전까진 참 지독히도 많이 싸웠다. 서로 맞춰가느라 그랬다지만 다시 그때로 돌아가고 싶진 않다. 서로의 마음을 할퀴고, 물어뜯는 그 아픈 대화들을 다시 하고 싶진 않기 때문이다. 그러고 첫 아이 태어나고는 한 1년은 평화롭다가 아까 말한 육아의 암흑기 때 우린 또다시 전쟁을 치렀다. 그때는 전보다 더 심하게 더 강하게 싸우기 시작했다. 서로가 처음으로 부부가 되고, 부모가 되고, 사위, 며느리가 되면서 그런 혼란스러움과 어려움들이 폭발하듯 부딪혔다. 서로 네가 덜했니, 내가 더했니 하면서 싸우니 부부싸움은 끝도 없이 지속되었다. 이해하지도 못한 채, 그저 동거인으로 불편한 상황만을 모면하며 살았었다.

그러다 문득 생각했다.

평생을 함께 살아야 할 남편이란 존재와 이렇게 사는 게 과연 맞는 것일까? 좀 더 행복하게 살 수는 없는 걸까?

몇 년 전, 심하게 싸우고 이혼 이야기가 오갈 정도로 서로의 감정이 상했을 때, 나는 용기 내 그에게 화해를 요청했다. 모진 말을 듣고 내 자존심이 허락하지 않았지만 다른 이유는 없었다. 아이들을 위해서였다.

남편이나 나나 화목한 가정에서 자라지 못했기 때문

에 알고 있었다. 그런 가정에서 자라면 아이가 어떤 생각을 하며 크게 되는지 말이다. 잘못한 것도 없는데 늘 주눅 들어 살아야 했고, 가족 이야기라도 나오면 우리 부모가 이혼했다고 솔직하게 말해야 하나? 고민하고 주저하게 되는 삶을 살아야 한다는 걸 우리가 모를 리 없었다. 이 세상에 사연 없는 가정은 없다지만 그래도 친구 중에 꼭 있는 화목한 가정을 볼 때마다 부러움과 시기심, 열등감 같은 내 안의 나와 싸워야 하는 삶. 이혼가정에서 자란 나는 부모의 선택에 희생된 희생양이지만, 그런 피해의식으로도 채워지지 않는 공허한 감정을 느끼며 성장해야 한다는 것. 그런 인생을 물려주고 싶지 않았다.

당시 내 아이는 내 1순위, 무엇보다 앞서는 우선순위였으므로 아이들 때문에 그랬다. 하지만 그렇게 화해의 손길을 내밀면서 나는 생각했다. 왜 예쁜 아이들만을 위해 살아야 할까? 아이들은 이제 학교에 가고 대학생이 되고, 성인이 되면서 점차 자기 삶을 찾아갈 텐데 내 삶을 같이 헤쳐 나가야 하는 남편과 소원하다가 그때 돼서 행복하게 살 수 있을까? 그런 생각이 들며 나는 차츰 마음이 바뀌기 시작했다.

그러면서 보이기 시작했던 것 같다. 남편이 얼마나 나를 신경 쓰고, 내 눈치를 보고 있고, 나를 아껴주고 있는지 말이다. 남편은 화목한 가정을 꾸리기 위해 본능적으로 누구보다 아내와 잘 지내야 한다는 걸 알았던 듯싶다.

사실 따지고 보면 우리 남편은 결격사유란 게 없다.

술 담배도 안 하고, 성실하고, 책임감 강하고 가정적이다. 이런 그의 장점을 발견하며 우리 사이는 급속도로 좋아지기 시작했고, 둘째를 낳은 지금 더할 나위 없이 좋다. 이 행복을 겪으면서 느낀다. 내가 얼마나 이런 행복을 바라왔는지 말이다.

부부란, 참 어려운 사이이면서 동시에 행복을 줄 수 있는 가장 쉬운 '관계'이다.

이렇게 사이가 좋다가도 또 전쟁을 치러야 할 날이 올지도 모른다. 하지만 그럴 때마다 난 다짐할 것이다. 평생을 함께 할 동반자로, 서로가 함께 행복할 수 있는 방법은 무엇일지 고민할 것! 서로가 서로를 늘 최우선 순위에 두고 고민할 것!

부부가 행복할 방법은 우선순위에 있는 것이다.

부부

너는 그 말을 하고,
나는 이 말을 한다.

아! 안 맞아 안 맞아.
고개를 절레절레한다.
서로가 서로를 이해할 수 없다.
이해하려 하지 않는다.

너는 이 말을 해서,
나는 저 말을 해서,
이어지지 않는다.
말이 섞이지 않는다.

하지만 가장 가까이,
손 뻗으면 닿을 거리에 있는 너와 내가

감정을 할퀴며 다가가지 못하는 게
안타깝다. 불행하다.

너와 난
어떤 행복을 찾아야 할까?

함께 아이들을 업고 간다.
너 하나, 나 하나 나눠 업고 간다.
풍요로운 새싹의 잔디를 지나,
더운 땡볕의 벌판을 지나,
쓸쓸한 가을 억새밭을 지나,
발이 푹푹 빠지는 눈을 헤치며,
그렇게 우린 함께 걸어간다.

네가 지칠까 봐, 네가 쓰러질까 봐
나는 신경을 쓴다.
힘들진 않을까
걱정을 한다.

무거운 어깨를,

굽은 등을,

부르튼 발을

함께 매만지며 걸어가자.

너와 나

정상에 도달하면 그때 미소 짓자.

서로 얼싸안아주자. 고생했다고.

최악의 여행

그날은 날씨가 아주 좋은 날이었다. 가을의 서늘함이 몸을 잠시 움츠러들게 했다면 그날은 늦여름의 더위처럼 쨍하고 햇빛이 강한 날이었다. 여행 가기 더없이 좋은 그런 날씨였다.

우리는 영주에 있는 부석사에 가기로 했다. 부석사. 특히 우리 부부에겐 남다른 사연이 있는 장소였다. 물론 우리 부부가 함께 가보지도 않은 상태에서 쌓인 사연이지만.

그 사연인즉, 나는 관광과를 다니던 대학시절에 과제 때문에 부석사를 처음 방문했다. 조별과제라 같은 수업을 듣던 선배와 친구와 함께 방문했는데 그때 동네 절만 가봤던 나로선 이 부석사에 처음 들어서는 순간부터 매료되었다. 고즈넉한 사찰이 봉황산 중턱에 자리 잡고 있어 숨 가쁜 계단을 모두 올라가면 보이는 경치가 참으로 인상 깊었다. "엄청 좋다"를 연발하던 대학생 시절의 나는 그 뒤로는 차가 없어 부석사에 가고 싶어도 갈 일이 없었고, 결혼하고도 계속 가지 못한 채였다.

신혼 때부터 여러 차례 가자고 말을 했는데 매번 일이 생겨 무산됐고, 첫 아이를 낳고 나서도 '멀어서'라는 이유로 가보지 못한 곳이었다. 그래서 남편과 싸울 때 유일하게 고정적으로 오는 나의 레퍼토리가 바로 부석사였다.

"내가 좋아하는 부석사 가자고 몇 년을 말했는데 안 가고! 자기 가고 싶은 데만 맨날 가잖아!"

남편이 술, 담배를 하지 않고 일 마치면 재깍재깍 들어오는 사람인지라 고정적인 푸념을 할 만한 게 이것 밖에는 없었다. 그래서 늘 싸우면 하는 말이 그것이었고, 가까운 데 가고 싶다는 데는 다 가준 남편은 억울했겠지만 부석사 단어만 나오면 입을 다물어야 했다.

그래서 우리에게 '부석사는 대체 언제 갈 것인가?'가 찝찝하게 남아 있는 숙제였는데, 마침내 3살, 7살 아이를 데리고 그 멀고 먼 길을 가기로 다짐한 것이었다.

최악의 여행이라는 타이틀을 거머쥐기 위한 머피의 법칙은 출발하면서부터 시작됐다.

아이들 먹을 김밥을 사고 내가 좋아하는 햄버거 브랜드인 M사의 드라이브 스루로 햄버거 세트를 구매했다. 둘 다 콜라는 커피로 변경하고, 평소처럼 받아 들고 출발했다.

커피를 마시려고 꺼낸 순간 콸콸콸. 커피가 막 밖으로 새어 나오기 시작했다. 운전 기어에 커피가 주르륵 쏟아지사 남편은 시색이 되었고 다급하게 "넘쳐서 그러니까 빨리 마셔!"를 외쳐댔다.

덕분에 여유롭게 아침에 커피 한잔 하겠다는 낭만은 개뿔, 달리는 차에서 커피를 벌컥벌컥 마셨고, 운전대와 컵 끼워두는 곳이 흥건하게 젖어 물티슈로 급하게 닦았다.

나는 커피를 계속 마시는데도 자꾸 새는 게 이상해서 보니 불량인지 어쩐지 플라스틱 컵 옆면이 쭉 찢어져 있는 게 아닌가?

그 불량 컵이 바로 이 최악의 여행의 시발점이었다.

물티슈 응급처치를 하며 우린 서대구IC로 진입했다. 진입하며 보이는 엄청난 차들에 남편이 한 마디를 했다.

"아, 여기 이래서 원래 잘 안 오는데."

외근이 잦은 남편은 서대구가 워낙 막히고 교통량이 많아 사고가 잘 나는 곳이란 걸 알기에 잘 오지 않는데 햄버거를 사고 가장 가까운 IC이기에 어쩔 수 없이 이리로 온 것이었다.

IC에서 고속도로를 타기 위해 대기하는 중이었다. 고속도로를 타려면 두 차선이 한 차선으로 합쳐지는 곳이라 안 그래도 차가 많은 곳이 더 북새통이 되었다.

그렇게 굼벵이 기어가듯 조금씩 진입하는데 옆 차가 갑자기 막 밀어붙이고 들어오기 시작했다. 분명 그 차 옆에 공간도 꽤 있었고, 직진만 하면 합류되는 차선이라 무리하지 않아도 되는데도, 우리 뒤차에 비켜주기 싫었던 건지 계속 꾸역꾸역 무리해서 들어오다가 우리 사이드 미러와 접촉했다.

점잖은 남편은 우리를 타박하는 그 차 운전자의 말에 화가 났고, 가만히 있는 차를 무리해서 들어와서 왜 박냐고 언성이 높아지기 시작했다. 두 사람이 언쟁할 동안 그쪽도 부인으로 보이는 사람이 옆에 타고 있었고, 나도 조수석에 타고 착잡한 심정으로 앉아 있었다. 뒤에 차들은 빵빵 거리고, 끼어들려는 차들은 막 들어오는데 괜히 햄버거를 샀나, 괜히 이 IC를 탔나. 괜히 부석사를 가기로 했나. 후회가 밀려오기 시작했다.

 사고를 낸 차는 잠시 앞으로 빠지더니 5분 정도 비상 깜빡이를 켜고 내리지도 않고 있자 우리도 옆으로 다시 따라붙었다. 그 5분 사이에 무슨 일이 있었던 건지, 남자는 갑자기 차분한 말투로 사과를 했다. 미안하다고. 그 말에 남편도 이 난리 통에 사고 접수를 하는 민폐를 끼칠 수 없어 그냥 보내주었다.

 단조로운 고속도로를 운전하며 남편과 나는 뭔가 심상치 않은 여행인 것 같다는 생각을 했지만 차를 돌리기는 이미 늦어 버려 우리는 목적지를 향해 갔다.

 2시간 반을 쉬지 않고 달려달려 부석사에 도착했다. 주차장은 한산했고, 날은 좋았지만. 일단 너무 더웠다. 땀을 뻘뻘 흘리는 네 명의 식구들은 주차장 앞에 있던 화장실에 갔다가 올라가기로 했고 물, 음료수, 기저귀, 간식 등을 꾸역꾸역 담은 가방을 들고 내렸다.

20개월인 둘째가 응가를 했고, 처리하느라 시간이 걸렸다. 그래도 말끔하게 처리하고 올라가려는데 꾹꾹 담아두었던 가방이 넘치면서 첫째 딸의 물통이 바닥에 팍! 하고 떨어졌다.

콰직.

얼마 전에 산, 요즘 최애 하는 어피치 캐릭터의 물통 뚜껑이 아주 박살이 났다. 그것도 아이의 눈앞에서.

나는 당황하지 않은 척하며 아이한테 "엄마가 오늘 다시 주문해줄게." 했다. 아이는 속상해했지만, 주문해야 택배가 오고 그러려면 기다려야 한다는 걸 아는 7세라 그런지 체념하듯 터덜터덜 올라갔다.

부석사 매표소에서 표를 끊고 이제 입구에 올라가려는데 계속 계속 보이는 산길. 오르막.

둘째 아이는 멋모르고 날뛰고, 첫째는 더워서 가기 싫다며 보이콧을 하기 시작했다.

"아직 사찰 입구도 못 갔는데!!!"

휴. 왜 나는 산 중턱에 있는 부석사에 가려고 했을까? 아직 이 아이들이 올 만한 사찰이 아니란 걸 내가 간과했다.

그리고 출발할 때부터 남편이 아이에게 오늘은 엄마를 위한 여행이야. 라고 강조해서인지 처음부터 가고 싶지 않아 했던 게 그 결정적 순간에 터진 것이다. 지난주만 해도 놀 거리 가득한 놀이공원에 다녀왔는데 엄마가 좋아하는 곳이라고 하지, 오르막길만 나오지, 물통은 깨졌지, 아이는 가기 싫다고 징징댔다.

남편도 그때 이 계속되는 머피의 법칙들에 완전히 나가떨어져 버렸다.

"아오. 뭐고 이게. 못 가겠다."

나는 한숨을 내쉬었고, 그렇게 오고 싶었던 부석사인데 입구에서 돌아가자니 속이 뒤집어질 것 같았다. 아쉬워서 나 혼자라도 갔다 올 테니 애 둘 보고 있을래 하니 한창 엄마 찾는 둘째를 데려가란다. 휴.

그때를 생각하니 다시 또 한숨이 새어 나온다.

어쨌거나 멋모르는 망아지처럼 날뛰는 둘째는 내려오는 어른들의 귀여움을 잔뜩 받으며 기분이 좋았지만, 우리는 최악의 여행 앞에서 옴짝달싹 할 수 없을 만큼 지쳐 있었다.

'아, 저기까지만 가면 될 것 같은데.'

오르막길이라 대체 어디까지 가야 입구인지 보이지 않았다. 나는 입구가 어디쯤인지를 보기 위해 혼자 조금 올라가 보았고, 생각보다 입구가 그리 멀지 않았다.

그래. 여기까지 몇 시간을 왔는데 돌아갈 순 없다 싶었다. 나는 둘째를 안아 들고 천천히 산길을 오르기 시작했다. 무량수전까진 못 올라가도 밑에 만이라도, 올려다보기만이라도 하자 싶어 쉬엄쉬엄 올라갔다.

우리는 마침내 부석사의 108계단이 시작되는 입구에 다다랐다. 둘째를 안고 108계단을 어떻게 가지? 막막해하고 있는데 뒤에서 첫째 딸과 남편이 꾸역꾸역 올라오는 게 보였다.

나는 드디어 웃음 지었고, 계단 앞에서 아이에게 가위

바위보 해서 올라가기를 제안했다. 결과는 대성공.

남편은 짐을, 나는 아이들과 가위 바위 보를 하며 마침내 108계단을 다 올라왔다. 물론 108계단이 108 번뇌를 생각하며 만든 계단이고, 어쩌고 저쩌고 하는 고차원적 감상 따위 하나도 할 시간 없이 올라왔지만.

옛날처럼 홀연히 나 혼자 감상을 만끽할 수 있는 시절이 아니구나를 맘속으로 개탄하며 무사히 올라온 것에 감사를 했다.

다행히 계단 효과 덕분에 재미있는 것이 많다고 생각한 건지 첫째의 기분은 완전히 다 풀렸고, 아이들은 부석사 무량수전 앞에서, 국보인 석등 앞에서도 그저 깔깔거리며 놀기 바빴다. 나는 무량수전이라는 내게 뜻깊은 이름인 그곳을 잠시나마 돌아보고, 배흘림기둥에 기대 서보기도 했다. 굵은 배가 열린 배나무 앞 그늘에서 네 식구가 휴식을 취하며 잠시 풍경에 젖어 보기도 했다. 산에서 내려오는 맑은 물에 손을 씻어보기도 하고 곤충도 보고, 장난을 치며 좋은 시간을 보냈다.

그래. 그래도 이만하면 됐다. 싶었다.

긴 시간을 달려 짧지만 알찬 시간들을 보내고 저마다의 재미를 찾아 놀면서 내려왔다.

"자, 이제 돌아가는 것만 잘 돌아가면 되겠다."

그렇게 말하며 나는 조수석에 앉아 콜라를 열었고, 언제 어디서 흔들린 지 모를 콜라는 울컥울컥 콜라를 밖으로 쏟아내기 시작했다.

다시 또 운전대 기어가 젖자 남편은 비닐봉지를 가리키며 "아! 여기다 쏟지 차라리!" 하며 화를 냈고, 나는 이 최악의 여행이 부부싸움으로 종지부를 찍지 않기 위해 그냥 침묵했다. 그래. 최악의 여행은 끝나지 않은 것이었다. 내가 방심했다.

부석사. 너무너무 좋은 곳이지만 향후 5년 간은 갈 일이 없을 듯싶다.

나만 조급하지 않으면
이 아이는 잘 자란다

「나만 조급하지 않으면 이 아이는 잘 자란다.」

아이를 키운 지 만 4년, 아직 가야 할 길이 멀지만 지금까지의 내 육아관을 힌마디로 정리한 문장이다. 작년 11월의 나는, '나를 위하는' 활동들로 바쁜 지금과는 완전히 다른 이유로 눈코 뜰 새 없이 바빴다.

떨어진 낙엽이 밟힐 때마다 느낄 수 있는 기분 좋은 바스락거림, 그조차도 못 느낀 채 수 십여 곳의 유치원을 발 빠르게 돌며 내 아이에게 맞는 곳이 어딜까 고민하고 또 고민하던 작년 이맘때. 11월 중순, 다시 그 시즌이다. '처음 학교로' 신청 기간이 왔다.

 '처음학교로'는 국가에서 제공하는 유치원 입학을 위한 온라인 신청 시스템으로, 인터넷이 사용 가능한 곳에서 신청기간 내에 동등하게 유치원을 지원할 수 있게 되었다. 도입 이전에는 육아 선배들이 아이를 유치원에 보내기 위해 유치원마다 입학 신청 기간에 새벽에 식구 수대로 교대로 달려가 줄을 서 있거나 현장에서 O나 X를 뽑아 입학생을 추첨했다는 웃지 못할 해프닝이 있었다고 한다. 이 시스템을 통해서는 3지망까지 희망기관을 선택할 수 있고 신청하기 전, 유치원들은 신입생 유치를 위한 설명회를 개최한다. 다행히 기관에 대한 결정을 마친 올해는 아주 가뿐한 마음으로 다니는 원의 안내문을 펼쳐 '재원함'이라 적힌 칸에다 동그라미만 그려 보내면 되지만 작년에는 기관에 대한 고민에 무척이나 심각했다. 1년 전 심각했던 그 고민에 웃음이 나면서 이젠 남의 나라 이야기인 듯 덤덤하다. 그리고 아이러니하게도 작년 이맘

때 다녀온 그 숱한 유치원들을 다 잊고 나는 7세까지 다닐 수 있는 어린이집을 선택했다. 유치원에 보내기 위해 그렇게 설명회를 돌아 다녀놓고선 어떻게 이런 결정을 하게 됐지? 그땐 그게 왜 그렇게 중요했지?

좋은 선생님과 양질의 프로그램, 안전하고 깔끔한 인테리어 모두 중요하지만 그 모두가 나의 아이에게 좋은 것인지를 살펴보아야 했다. 대다수의 사립 유치원은 그 모두를 충족시키기 위해 애쓴 모습이 보였으나 내 아이의 취향과 속도에 맞춰진 것은 아니었다. 아이들이 머무는 교실에 볕이 잘 드는지, 한 끼 식사와 간식은 어떤지, 놀이 시간은 충분히 제공하는지가 중요하다는 결론을 내렸다. 이런 결론 내릴거면서 왜 그렇게 유치원 설명회를 숱하게 갔는지 내 자신에게 물어보면, '그땐 그랬어. 엄청 중요했어. 그렇게 살피고 따져 물은 시간이 있었기 때문에 지금 보내는 원에 만족하며 보내는 거야.'하고 답하겠다. 더불어 아이가 무척 즐겁게 등원하는 것도 웃을 수 있는 이유다.

결정하고 나면 늘 그랬다. 결정하고 나면 내 결정이 최선이라 믿고 오롯이 그게 잘한 선택이 되도록 묵묵히 걸어가는 수 밖에 없었다. 가끔 뒤돌아보기도 하지만 그렇다고 해서 다시 돌아가진 않을 나였다. 오히려 뒤돌아보며 지난 일을 지금이 있기까지의 고마운 과정이라 생각할 따름이었다. '욕심을 버리자, 생각을 비우자' 마음먹는 그 자체도 강박이 되었다. 그저 자연스럽게 내가 집중해야 하는 것에 몰입하다 보면 다른 부분이 비워지는 신기한 인생. 다시 무언가를 선택할 상황이 온다면 또 그때와 같이 고민은 치열하게 하겠지만, 아이와 함께 결정하자고. 조급한 마음에 일방적으로 추진하지 말고, 아이가 준비되었다고 표현하는 그 목소리를 잘 듣자고. 이런 선택이든 저런 선택이든 결정만 하면 최선을 택해 걸어갈 것을 알기에 오늘 이 글을 쓰면서 내 조바심만 잘 컨트롤하자고 나 자신을 다독인다.

육아상담을 다녀와서

 오후 2시, 예약해둔 시간에 맞춰 시에서 운영하는 육아지원센터를 방문했다. 십오 분쯤 일찍 도착한 나는 좀 긴장한 상태였고, 사 인에서 텀블러에 담아온 커피를 마시며 애써 마음을 가다듬었다. 머릿속에 뒤엉켜있는 이야기들을 차분하게 풀어내려 재차 시도해보지만 번번이 실패하고는 그저 마음을 내려놓기로 한다. 그래, 순리대로 가자. 내 마음이 응하는 방향대로 풀어 가면 되지 않겠나….

아이가 한창 기기 시작할 무렵 친구 엄마와 함께 이곳을 방문한 적이 있다. 시설도 훌륭하고 좋은 프로그램들이 많이 운영되고 있었지만, 자차로 이동하기에 만만한 거리가 아니었기에 그 후로 한 번도 발길이 닿지 않았었다. 그런데 육아가 너무 힘에 부쳐 상담을 받아볼까 알아보던 즈음 센터에서 무료 상담을 진행한다는 사실을 알게 되었다. 인터넷에서 상담 신청을 하고 날짜를 미리 예약하면 대면 상담도 가능한 시스템이었는데, 그땐 그런 절차마저도 번거롭게 느껴질 만큼 마음의 여유가 없기도 했고 무엇보다 상담을 가려면 아이를 누구에게든 맡겨야 했기에 역시 발걸음으로까지 이어지지는 못했던 것 같다. 아니 실은 그보다도, 짧은 몇 회의 상담으로 내 육아의 고됨을 풀어내고 실질적인 도움을 얻을 수 있을까 하는 회의가 깊이 몰려왔기 때문이다. 그래, 그때도 참 힘들었지⋯ 5년 남짓한 지난 시간을 되돌아보면 어느 때도 힘들지 않았던 날이 없었다. 진심 그러했다. 내가 모든 수고로움을 감수하고 다시 이곳을 찾은 이유는 그 힘듦이 과거형이 아니라 현재 진행형이기 때문이다. 나는 지금도 육아가 너무 버겁고 힘이 든다.

'진호야, 너에게 많이 미안하지만 엄마는 엄마인 게 참 힘이 들어. 엄마도 이번 생애 엄마가 처음이라 그런가 봐….'

센터건물의 내부는 아이들이 이용하는 곳이라 그런지 지나치리만큼 깨끗하고 반듯하게 정돈된 느낌이었다. 크고 널찍한 놀이공간과 구석구석 아이들 눈높이에 맞추어 정렬된 시설물들이 인상적이었다. 집에서 가까운 거리에만 있었어도 종종 이용했을 텐데 하는 아쉬움을 뒤로한 채 상담실로 들어갔다. 5평 남짓의 상담실은 좌식 테이블을 사이에 두고 상담사와 내담자가 매우 밀착된 거리에서 이야기를 주고받을 수 있는, 조금은 부담스럽지만 또 충분히 아늑한 느낌을 주는 공간이었다. 마실 것을 권하시기에 마다하지 않고 믹스커피를 한잔 태워와 자리에 앉았다. 하루에 두 잔의 커피를 마시는 일은 나로선 매우 드문 일이긴 하지만 호흡을 가다듬으려면 따뜻한 커피 한잔이 곁에 있어야 할 것 같았다. 비록 상담실을 나올 땐 반도 채 마시지 못하고 식어버린 커피를 원샷해야 했지만 말이다.

 오십 대 초반쯤으로 보이는 상담사는 나이와는 걸맞지 않게 제법 반짝거리는 눈빛을 지닌 분이었다. 상담사의 호기심 어린 눈빛 못지않게 내담자인 나도 상대의 얼굴 생김새와 몸짓에서 베어 나오는 분위기를 빠르게 훑는다. 이 자에게 나의 내밀한 이야기를 풀어내도 되는 것인지 가만히 살피는 것이다. 하지만 나는 사람에 대한 경계치가 그리 높지 않은 편이다. 내 앞에 있는 이가 누구이건 간에 나의 이야기를 거리낌 없이 불쑥 꺼내어 놓는다. 그것은 아이를 낳은 후 내게 찾아온 가장 큰 변화 가운데 하나였다. 사정없이 두 뺨 위를 흘러내리는 눈물을 연신 닦아내는 순간까지는 그리 오랜 시간이 걸리지 않았다.

 상담을 신청한 지난 금요일, 나는 두 페이지에 걸친 글을 쉬지 않고 써 내려갔다. '나는 왜 육아가 힘든가? 더 분명하게는, 나는 왜 너와의 관계가 이리도 힘이 드는 것인가.'라는 문장으로 시작된 글을 마치 연필로 휘갈기듯 자판으로 옮겼다. 복잡하게 뒤엉킨 감정과 생각들을 일목요연하게 풀어내고 나면 한결 후련하기도 할 것이고, 무엇보다 짧은 상담시간 안에 내 문제들에 대한 실질적인 도움을 꼭 얻으리라는 간절함이 있어서이기도 했다.

나는 그렇게 준비된 물음을 안고 왔으나 자꾸만 내 안에서 맴도는 그것들은 말이 되어 나오지 않았다. 상담사는 자꾸 내게 힐난하듯 묻고 나는 해명하듯 답을 찾고 있었다. 왜 내가 해명해야 하지? 나는 충분히 힘들었는데, 긴 시간 고민해온 그 모든 것들이 내 탓이라 자책하길 멈추고 싶어 이곳에 온 것일 진데 그녀는 왜 나를 이리 가혹하게 대하는가. 내 안에 일어나는 복잡한 감정들을 명확하게 설명할 수 없음에 자꾸만 무력감이 더해갔다. 어쩌면 그 또한 상담사가 의도한 바였는지도 모른다. 최소한 그 시간 동안 내 안에 차오르는 감정들과 정직하게 대면할 기회는 얻었으니 얻은 바는 분명 있었다. 다음 예약

일을 정한 후 부모 기질과 양육태도를 판단하는 두 검사지를 받아 들고 상담실을 나오는데 그녀가 물었다.

"가르치는 직업이시죠? 무슨 과목인가요?"
"국어. 가르쳐요."
내 대답을 들은 그녀는 갸우뚱한 기색이 역력한 얼굴로 되물었다.
"영어나 수학을 가르칠 거라 생각했는데 의외네요. 국어 쌤이면 좀 감정이 풍부하지 않나?"
난 애써 어색한 웃음을 감추며 말했다.
"밖에서는 그런 얘기를 들어본 적이 없긴 한데, 제가 유독 가족들에게는 감정표현에 인색한가 봐요⋯."

나는 그녀에게 왜 굳이 그런 변명까지 해야 했나? 그런 얘긴 처음 들어본다고, 지금 내 안의 감정들이 너무 손 쓸 수 없을 만치 얽혀버려서 그걸 끄집어낼 재간이 없었다고, 왜 그렇게 답하지 못했나 하며 분하고 억울한 감정이 밀려온 것은 집으로 돌아오는 차 안에서 한참 눈물을 쏟아내고 난 후였다. 나에게 지금 필요한 것은 어쩌면 아이와 나의 관계 개선을 위한 조언이나 양육법이 아니라 '괜찮다고, 엄마 당신 탓이 아니라고' 내 존재에 대한 인정과 진심 어린 다독임이었음을 그제야 알아차린 것이다. 나는 끄덕이며 눈물을 주워 삼켰다.

다행히 상담사가 알려준 몇 가지 조언들은 상담을 마치고 돌아온 그 날에도 당장 유용하게 작용했다. 그녀는 내게 아이의 문제 행동을 바라보지 말고 아이 그 자체를 바라보라고 했다. 유치원에서 돌아오자마자 엄마를 부여잡고 한참을 재잘거리는 아이의 모습을 나는 지긋이 바라보았다. 아이의 징닌기 어린 눈빛과 웃음, 예의 그 쾌활한 목소리가 마치 은빛 가루를 뿌려 놓은 듯 사방에 반짝반짝 흘러넘쳤다. 나는 차분하고 그윽하게 그 장면을 멈춘 듯 응시하며 평온한 아이의 세계로 슬며시 발을 옮긴다. 어쩌면 그간 너무 오래 잊고 지냈구나… 엄마는 엄마의 세계에 너무 골몰한 나머지 너의 세계로 건너가는 법을 잊고 지냈던 게로구나…. 새삼 아이에게 미안하고 고마웠다.

이제 좀 컸으니 엄마의 시간을 좀 허락해달라고 나는 자꾸만 달라붙는 아이와의 간격을 넓혀가던 중이었다. 엄마는 아직 하고 싶은 게 많다. 꿈 많은 십 대 소녀도 아닌데 왜 이렇게 하고 싶은 게 많아진 건지 잘 모르겠다. 자꾸만 조급해지고 점점 내 시야에서 네가 벗어나고 그래서 종종 죄책감이 파도처럼 밀려왔다 밀려가곤 했다. 그러는 동안 엄마는 너의 세계로 드는 그 길목에서 잠시 길을 잃었나 보다. 엄마가 방황하는 시간 동안 기다려주고 다시 환한 미소로 맞아주는 네가 있어서 참 다행이야. 언제나처럼 포근한 살결과 따스한 네 뺨에 얼굴을 부빌 수 있으니 그 얼마나 다행이야….

평화로운 깨달음의 순간도 잠시, 잠자리에 들기 전까지 어김없이 몇 번의 크고 작은 전쟁을 치러야 했지만 그래도 그 밤 오랜만에 깊은 잠에 들었다. 나는 좀 가벼워졌고 더 담담해졌다. 아이를 쓰다듬은 따스한 손길을 옮겨 나의 내면 아이를 쓰다듬어준다.

그래, 우리 함께 성장하자.

아이의 세계가 넓어지는 만큼 너의 세계도 함께 넓어질 테니 조급해하지 말자.

다시 오지 않을 소중한 이 순간들을 우리 오롯이 함께 누리자.

봄이 말하기를

 '말로 표현할 수 없을 때 노래가 되고 몸으로 표현할 수 없을 때 춤이 된다.'

 배우 이규형의 말이다. 이 얼마나 멋진 말인지. 내 삶에도 적용되기를 간절히 바랐다. 오늘은 말로 표현할 수 없으나 노래가 되지 못하고 몸으로 표현할 수 없으나 춤이 되지 못한 날, 심히 마상[1]한 날이다.

---

1) 마상 마傷 [마상] : 명사 '마음의 상처'를 줄여 이르는 말.
 (출처 : 우리말샘)

오후 내내 비가 내렸다. 평일에 그렇게 좋았던 날이 주말만 되면 비가 내린다. 내 맘도 그러하다. 잔잔한 물에 작은 돌 하나 무심코 던졌을 뿐인데 파장이 너무 커져버렸다. 다시 주워 담기 어려워졌다. 거세지는 빗줄기처럼 파장은 소용돌이치며 돌고 또 돌았다. 지금은 잠시 휴전 중이지만 마음의 소리는 아직도 거칠다.

'아차!' 하는 순간 되돌릴 수 없게 되는 경우가 있다. 이게 내 마음이 아닌데 다시 주워 담기 힘든 돌이 더 멀리 떠나 버리는 경우, 마음과 달리 너무 멀리 와 버린 상태로 어찌할 바 모르는 경우 말이다. 먼저, 내 마음부터 살펴보기로 한다. 눈을 감고 손을 무릎에 올려 심호흡 한다. 들이마시고 천천히 내뱉는다. 아이가 보내는 마음의 소리도 못 듣는 엄마가 무슨 소리가 들리겠냐마는 조용히 나를 바라보며 빗소리에 더 집중하고 봄이 말하는 소리에 귀기울여보려는 발악 아닌 발악의 몸짓이다.

봄이 말하기를
있는 그대로 인정하라고 한다.

봄이 말하기를
세상이 돌아가는 대로 맡겨 보라고 한다.
봄은 태어난 대로 화사하게도, 은은하게도
그 빛에 맞춰 세상과 어울린다.
봄은 자연의 섭리 그대로 눈으로, 귀로, 입으로, 코로, 그리고 손끝으로 이야기한다.

우산 속 들리는 빗소리도 의미가 있다. 빗소리에 취해 잠시 잠든 사이 분홍우산을 든 아이가 건네 준 동전 초콜릿의 달달함이 내 맘을 달랜다. 그렇게 비 오는 오후가 지났다. 비 갠 저녁, 다시 마주한 봄은 그 자리에서 잔잔히 흐르고 있고, 보이지 않는 새소리를 머금고 있다. 촉촉한 흙 위로 두꺼비가 조심스레 뛰어 오른다. 걷고 걷는 사이 마주한 불빛 아래 벚꽃이 꽃비가 되어 흩뿌려져있다. 화사한 벚꽃도 꽃비가 되어 떨어지고 나야 초록 초록한 이파리가 생명을 얻는다. 무심결에 내다보니 땅 속에서 올라온 민들레가 노랑 노랑하다. 봄은 주어진 자리에서 그대로를 보여주고 있었다. 그렇게 봄은 흐르고 있다. 흘러가는 대로, 보여주는 대로 다 안아주는 대자연의 너그러움은 닮을 수 없더라도 흉내는 내고 싶다. '너도 그렇겠지. 내가 마주한 마상을 너도 느꼈겠지.'라고 마음속으로 이야기해 봤지만 아직은 내 마상이 더 크다고 주장하고 싶다. 열정과 냉정이 적절한 비율로 공존할 수 있는 걸까? 복잡한 마음 같지 않게 눈앞에 펼쳐진 세상은 고요하다.

하루가 지났다.
다시 마주한 그 자리에서 봄은 말한다.
봄이 말하기를
이제 '그마이 하면 됐다', '고마해라'고 한다.
봄이 말하기를
원래 네 것도 아니었는데 내려놓으라고 한다.
봄이 말하기를.

.

.

.

'너나 잘 해라' 한다.
봄이 말하기를.

한 여름 밤의 깜짝 소동

―

남녀 심리 설명서

 대구에서 참 오래 살았다 싶은데도 아직 적응 되지 않는 것이 있다. 바로 '대프리카[2]'라는 말이 있을 정도로 여름이면 연일 이어지는 폭염과 열대야 현상이나. 물론 요즘은 수도권이 더 심하다고들 하지만 대구의 여름은 가히 기록에 남을 만하다. 한 여름 밤, 온 식구가 다 모인 것이 얼마만인지, 할 수 있는 최대한의 게으름과 느긋함으로 주말을 즐기고 있었다. 이렇게 모두 모여 밥을 먹을

---

2) 대프리카 大←Africa : 명사, 지나치게 더운 여름철의 대구를 아프리카의 날씨에 빗대어 이르는 말.(출처: 우리말샘)

시간도 부족한 요즘, 식구가 완전체를 이루었으니 저녁 식탁은 더 맛있게 즐기기로 한다. 설거지는 잠시 잊고 편한 자세로 생각이 흐르는 대로 그 시간에 함께 머물렀다. 웬일로 과묵한 아이들도 입을 열며 밥상토론에 참여해 분위기가 달아오르던 때, '오 마이 가스레인지'를 외칠 일이 생겼다.

"아! 아! 관리사무소에서 말씀드립니다. 수도탱크 고장으로 현재 물이 나오지 않고 있습니다. 상황을 파악하고 있지만 언제 물이 나올지 확실하지 않으니 양해 바랍니다."

꼭 이럴 때, 화장실이 가고 싶어진다. 꼭 이럴 때, 설거지가 더 높이 쌓여 있고, 꼭 이럴 때 해야 할 빨랫감이 기다린다. 다음 날이 휴일도 아닌 한 주의 시작, 월요일이라는 생각에 지체 없이 싱크대 수도꼭지를 확인한다. '졸졸졸….' 어떻게든 나오는 물을 받아 양치라도 해결하려는데 다시 멈춰버린 물. 혹시나 해서 수도꼭지란 꼭지는 다

눌러본다. 역시나 물 한 방울 나오지 않는다. 물을 만들수는 없는 노릇. 머리를 열심히 굴리며 생각의 끈을 풀어내 본다. 뜻밖의 상황이 되니 조급해진다. 이런 마음은 새로운 생각의 틈을 주지 않는다. 예고 없이 물이 나오지 않을 것이라고는 상상해 본 적이 없다. 당연하다고 생각했던 것이 갑자기 당연하지 않게 될 때 당황스러운 상황은, 코로나 19로 어느 정도 적응됐다고 생각했는데 물이 없다고 생각하니 난감했다. 당장 해결해야 할 생리현상부터 곤란해진다.

시계를 보고는 마트 마감 30분 전이라는 것을 확인하고 준비하려는데 딸아이는 벌써 신발을 신고 기다리는 중이다. 이런 나와 딸아이의 바쁜 마음과는 달리, 우리 집 남자들은 평소와 다를 것 없이 태평하다. 굳이 남자와 여자를 구분하고 싶지는 않지만 유전자 구조가 다른 이유였을까. 어디까지가 남녀 성격차이인지 알 수 없었지만 확실한 건, 반응의 온도차이는 컸다. 우리 둘은 주차장에 들어서면서부터 사야 할 목록의 이름을 대며 손가락을 꼽았다. 먼저 물을 넣고 필요한 몇 가지를 포함해 짧게 쇼핑을 끝내고 화장실로 향했다. 가장 급한 문제를 해결하고 이를 닦으며 민첩하게 움직였다. 늦은 시간 우리 둘은 이 상황을 즐기며 키득키득 웃었다. 그 시간에 밖에 나갈 일도 별로 없었거니와 우리에겐 색다른 모험이기도 했으니까 말이다. 우리는 집에 있을 그들에게 승리의 감정마저 느꼈다.

 도착한 집안 공기는 너무 편안했다. 지금 당장 마실 물조차 없다는 현실을 알고는 있는지 모르는 건지 평범한 일상과도 같았다. 우리는 재잘재잘, 모험담을 늘어놓았다. 내일의 준비를 마쳤다 생각하니 마음까지 편안해졌다. 이제 소파에 앉아 남은 주말의 여유를 느낄 일만 남았다고 생각한 순간이었다. 수도꼭지에서 물소리가 들린다. 앗! 이건 또 무슨 '황당한 시추에이션'인가. 주말이라 언제 물이 나올지 모르겠다고 하지 않았던가. 우리의 모험담은 순식간에 빛이 바랬다. 1시간 만에 막을 내린 한여름 밤의 깜짝 소동은 이렇게 허무하게 끝이 났다. 너무 짧게 끝나 아쉬웠지만 한참을 이야기하며 웃고 또 웃었다. 우리는 이렇게 훗날 이야깃거리를 하나 더 추가했다. 이것으로 남녀 심리가 어떻게 다른지 알 수 있었던 하루. 남녀 심리 설명서를 통해 우리 집 남자들에게 더 이상 기대하지 않으리라는 마음으로 혹시 모를 재난에 대비하기 위해 오늘도 물을 주문한다.

'주문이 완료되었습니다.'

넌 그 자체로 빛나는 별이야
널 보라해

나는 아미(ARMY)는 아니지만 아들을 키우는 마미(MOMMY)로서 그들을 진심으로 응원한다.

미래의 꿈을 위해 현재 하고 싶은 일을 잠시 멈추며 '피 땀 눈물'을 쏟아내는 BTS.

포기하고도 싶었겠지. 힘든 것도 즐거운 것도 함께 하며 그들만의 세상에서 더 단단해지고 그 단단함으로 다시 일어나 걷고 달리는 그들을 보면서 진심으로 응원하게 된다. 좋아하고 즐거워하는 것을 평생 할 수 있다는 것이 얼마나 행복한 일인지. 그들의 행복은 단지 운이라고 할 수 없다. 그 이상의 고민과 노력의 결과이다.

2021년 3월 모의고사를 치르고 있는 아이를 생각한다. 본인 인생에서 레전드 삶을 살고 있다는 아들의 소우주는 어떻게 돌아가고 있을까. 얼마나 복잡하고 부담스러울지 엄마는 알 수도 없다. 본인이 더 긴장하겠지만 오늘은 나도 나답지 않게 긴장된다.
이과아들과 문과엄마.
아이는 고등학교에 진학한 지 얼마 되지 않아 다짜고짜 이렇게 말했었다.

"엄마 전학가면 안 돼?"

아는 친구들이 많지 않아 적응도 힘들었을 텐데 생활뿐 아니라 원하는 동아리에도 들어가지 못하면서 복합적인 상황이 불안감으로 밀려왔던 것 같다. 문과엄마의 슬기로운 고등생활 티칭은 아직 시작도 못했는데 갑자기 이런 반응이라니. 고등학생 엄마는 나도 처음인데 당황스러웠다. 귀에 딱지가 앉을 정도로 들었던 엄마 이야기는 늘 잔소리였을 테니까 중학교 때처럼 '적당히 해도 되겠지'라고 단순하게 생각했던 이과아들. 고등의 세계에서 준비된 아이들과의 게임은 시작부터 달랐고 빠릿빠릿하고 야무진 친구들과 느릿한 아들의 속도는 차이가 많이 났다.

아들의 눈에서 흐르는 눈물을 보고 당황한 나는 그를 꼭 안아줄 수밖에. 조용히 등을 다독이며 되뇌었다. '얼어붙고 힘든 상황에서 다시 힘을 내어 새싹을 틔우고 위로 뻗어가려면 잠시 쉬어도 돼. 포기하고도 싶겠지. 힘들면 나를 봐. 그리고 다시 너를 봐. 너의 소우주는 너만의 스토리를 가지고 자체만으로 빛을 간직하고 있을 테니까.'

'회복 탄력성'. 아들은 계란으로 바위를 쳐 볼 요량으로 지금껏 하지 않았던 노력이라는 것을 시도했고 그렇게 느리지만 보이지 않는 걸음을 내딛었다. 지금은? 남자들의 세계에서 현명하게 살아가는 방법을 고민하고 그들만의 리그에서 열심히 달리고 있다. 남모를 실패와 성취의 반복으로 단단해져 가고 있음을 믿는다. 살얼음일지도 모르지만 조금은 단단해졌을 아들.

문과엄마는 티칭에서 코칭으로 전략을 바꾸고 적당한 사회적 거리를 두며 지켜보는 것이 그 할 일임을 깨달았다. 고등생활에 힘듦은 더 넓은 길로 뻗어 나갈 발돋움의 단계다. 잘 할 수 있을까 두렵기도 하겠지만 '반짝이는 별빛'이 너의 꿈을 품고 빛나고 있으며 '밤이 깊을수록' 더 빛날 것이니 너 자신을 당당하게 믿고 나아가길 바란다. 아들은 그렇게 자신만의 소우주를 견고하게 만들어 가고 별빛 소리에 화음을 하나하나 얹어 아들만의 선율을 그리고 있다. 삶의 고민이 깊어질수록 스스로 빛이 날 정도로 더 노력할 것이고 아들만의 빛나는 소우주 안에서 더 빛을 낼 것이다. 오늘이 그 밑거름이 되기를 문과엄마는 바라며 마음으로 외친다.

'LET US SHINE.' 넌 그 자체로 빛나는 별이야.
널 보라해.

쓰며:쉬며의 서재

나를 나답게 행복하게 하는 것

We're Artists!

시처럼 살고 싶어 글을 쓰기로 했다

킬 세이긴의 코스모스

나는 강물처럼 말해요

연민의 대화

2030년 9월 15일의 일기

나를 나답게
행복하게 하는 것

 낯선 나라에 도착해 여기가 거기고 거기가 여기 같은 골목을 돌고 돌아 골목 깊숙이 숨은 식당에 안착한 기분. 여기는 대구 동인동이다.

 연초에 읽고 실천해 보기 시작한 줄리아 카메론의 나를 위한 12주차 워크숍 〈아티스트 웨이〉[1]. 그 과정의 하나

---

[1] The Artist's Way. 창조성 회복을 위한 12주차 워크숍 매뉴얼이 담긴 책. 매일 아침 눈을 뜨자마자 머릿속에 떠오르는 생각을 아무 것이나 자유롭게 써나가는 '모닝 페이지'와 나 자신만을 위해 좋아하는 일에 빠져보는 '아티스트 데이트'를 창조성 회복을 위한 실천 도구로 소개한다.

로 매주 기다려지는 아티스트 데이트. 그 아티스트 데이트를 하러 나왔다. 동인동의 'The common'에 왔다. 나 자신과의 오붓한 만남을 위해.

좁디좁은 가게에 들어서니, 혼자 온 것은 차치하고 조리 중인 주인분 앞의 테이블에 앉아야 하는게 민망하게 느껴졌다. 이어 내 옆 빈테이블에 나와 마찬가지로 일행 없이 온 한 사람이 앉으니 그제야 마음이 놓였다. 나보다 먼저 온 손님들의 테이블에는 아직 아무것도 놓이지 않은 말끔한 상태였다. 내 주문을 받으며 결제는 나가실 때 하면 된다고 알려주며 분주히 병아리콩을 믹서에 우르르 쏟아넣고 갈기 시작하는 걸 보니 시간이 꽤 걸릴 것 같았다. 팔라펠 샐러드 하나를 주문하고 멀뚱히 그 앞에 앉아 있기 머쓱해 가게 안을 둘러보니 서가에 눈이 간다. 제인 구달의 〈희망의 밥상〉을 꺼내려다 그때 눈에 띈 〈비거닝〉으로 손이 향했다. 두껍지 않아 적당히 음식을 기다리며 읽기 괜찮을 것 같았다. Beginning이 아닌 Veganning. 이런 언어유희를 좋아해서 네이밍이 마음에 쏙 들었다.

그리고 한 챕터를 단숨에 읽어나갔다. 비건에 대해 눈 뜨기 시작한 사람들이 돌아가며 이야기를 해주었다. 분명 나는 2인용 테이블에 혼자 앉아있는데 어느새 펼친 책 속의 저자들과 원탁 테이블에서 대화를 나누는 느낌이었다. 오늘은 가방에 책을 넣어오지 않길 잘했다고, 그러니 이렇게 우연히 또 주인장의 서가에서 재미난 책을 만났지! 하며 나 스스로를 칭찬했다. 그리고 주방 쪽을 돌아보니 주인분이 접시를 5개 늘어놓고 준비된 것들을 하나하나 담고 계셨다. 흐, 기대된다!

다섯 개의 접시가 꼼꼼히 채워지자 하나씩 주문한 사람들 앞에 놓인다. 접시 위엔 U자 모양의 바지 주머니를 닮은 담백한 비건빵이 둘, 병아리콩을 갈아 빚어 구운 동글동글 팔라펠이 셋. 주머니빵 속에 팔라펠과 접시 위에 둥글게 모여 앉은 신선한 야채를 쏙 넣어 샌드위치처럼 만들어 먹는데 '헤헤' 웃음이 난다. 껍질을 깎고 단면을 잘라 4등분하니 한입에 쏙 들어오는 연두빛 오이와 블랙 올리브, 꼭지를 기준으로 반을 잘라 단면이 보이는 절인 방울토마토가 올리브유에 버무려져 접시의 한 부분을 차지. 적채와 당근의 붉은 색감의 밸런스에 미소가 나고, 병아리콩의 꼬소~함(고소함이 아닙니다)에 머리 위로 느낌표가 뿅! 뜬다.

  내 속도대로, 맛을 음미하면서 천천히 꼼꼼히 씹으며 맛보는 순간! 행복해라! 분명 나는 이런 시간을 곧잘 가졌던 사람이었는데. 아이를 낳은 후엔 끼니 때를 놓치기 일쑤였고 잠시 긴장이 풀렸을 때 허기를 채우려고 허겁지겁 먹곤했다. 내가 결혼을 미루고 조금만 더 먹으러 다녔더라면 '여자 백종원'이 되지 않았을까. 데이트 코스를 짜거나 신상맛집 추천은 친구들이 늘 나에게 물었는데 이젠 그런 곳이 어딘지도 모르고 갈 일도 없고, 묻는 사람도 없다니. 잠시 오늘의 내 모습과 지난 날의 나를 동시에 떠올리는 동안, 접시를 받아들었을 때 '이건 좀 남기겠다'하고 무성하게 느껴지던 보드라운 잎채소는 언제 먹었는지 온데간데 없다. 내 잎채소 누가 다 먹었나, 하고 둘러보지만 이 접시에 접근권한은 이 순간 오로지 나에게만 있다. '오늘 괜찮다 정말.' 뱃 속은 포만감으로,

마음 속은 충만감으로 채워졌다.

오후 4시, 아이의 하원 시간에 맞춰 집으로 돌아와야 해서 가보고 싶던 책방까지 들르진 못했지만 충분했다. 알아냈다. 잊고 지내던 '새로운 맛 보기'를, 익숙한 것에 둘러싸여 무감각해진 나를 깨우는 시간이 나를 온전히 나답게 행복한 사람으로 만든다는 사실을.

나는 나를 행복하게 만들 수 있는 사람이라는 사실을.

We're Artists!

"그… 칼림바 재밌어요?"
"네. 오? 칼림바를 어떻게 아세요?"

6학년 아이들과 함께하는 칼림바 수업 가는 길, 아이들에게 보여주려 들고 나온 새로운 칼림바를 한 손에 쥐고 분주하게 차 키를 찾던 엘리베이터 안이었다. 엘리베이터 맞은편에 작은 아이 손을 잡고 서 있던 아이엄마가 내 손에 쥐여진 칼림바에 관심을 보인다. 나는 그녀의 관심이 반가워 엘리베이터가 내려오는 10여 초 동안 차 키 찾기를 잠시 멈추고 대화를 나눈다. 손바닥 크기의 이 작은 악기가 코로나 시국에 나에게 어떤 위로가 되었는지, 그 결과 어떤 사람이 되었는지 말하고 싶었다.

 흔치 않은 악기다. 코로나로 인해 비교적 빠른 속도로 알려진 '집콕템'. 2020년 2월, 코로나가 그렇게 활개를 칠 줄도 모른 채 천진하게 주문한 나의 인생 악기 칼림바. 양 손으로 스마트폰을 쥐듯, 책을 보듯 금속으로 된 건반을 엄지 손가락 끝으로 동당동당 튕기면 마음에 평화가 깃든다. 도레미파솔라,시도- 123456,71 숫자만 알면 누구나 연주할 수 있기에 어렵지 않다. 이 악기를 집에서 보내는 시간 동안 푹 빠져 즐기다보니 누군가를 만나면 부담없이 알려줄 수 있게 되었다. 칼리마마라는 온라인 공동체를 결성해 신나게 활동했고, 칼림바에 관심 있는 이들을 모아 한 곡을 완성해보는 일일 칼림바 수업 〈칼림바팅〉을 기획하고 열면서 모인 수익을 기부했다. 그런 시간들이 차곡 차곡 쌓이자 전업주부 훈이 엄마는 코로나 시국에 '박연주 선생님'이 되었다.

거슬러 올라가보면 내 아버지는 항상 악기를 취미로 하고 계셨다. 색소폰, 피아노, 그리고 지금은 트럼펫을 연주하신다. 가족들이 한 가지씩 악기를 다루어 함께 연주하고 싶어 하셨다. "느 아부지는 FM스타일이다."하는 엄마의 말이 어쩌면 아닐지도 모른단 생각이 들었다. 예술적인 기질도 충분한 사람이고 즉흥성도 어느 정도 용인하는 사람인데… 가장이라는 무게가, 아버지라는 이름이 그 자유로운 아티스트를 평범하고도 무미건조한 FM스타일로 만든 것이 아닐까, 하는 생각이 들었다.

하고 싶은 것이 아닌 해야 하는 것에 둘러싸인 채 살다보면, 생각하는 대로가 아닌 그저 사는대로 살다보면 무뎌진다. 일상 속에서 감탄할 일이 없다. 그렇게 늙어간다. 나는 도리질을 한다. 내가 원하는 삶은 그게 아니다. 가슴아픈 일이지만 그 또한 그의 선택이다.

나는 그가 선택하지 않은 길을 갔고, 가보니 그가 걱정한 것만큼 위험하지도 가난하지도 않은 사람이 되었다. 오히려 가슴 속은 더욱 풍성해졌다. 나는 내 삶을 더 잘 살아갈 뿐이다.

우리 모두의 안에는 아티스트가 있다. 다만 내 안의 존재를 만인에게 표출하며 살 것인지, 묵묵히 감추며 살 것인지, 가장 가까운 이들에게만 보이며 살 것인지 선택할 수 있을 뿐.

"아파트 주민이세요? 선생님이세요?"
"주민이기도 하고 선생님이기도 하고 그래요. 곧 도서관에서 성인 대상 칼림바 수업이 열릴 예정인데 관심 있으시면 같이 해요."
순간 눈이 반짝인다. 내게도 있던 그 표정이다. 아이 등원시키고 오전에는 일정이 없다며 수업을 기다리겠다는 아이의 엄마, 그녀의 하고자 하는 마음이 보인다. 욕구가 보인다.
움틀대는 그 욕구, 제가 채워드릴게요. 우리 곧 봐요! 나는 또 한번 가뿐하게 시동을 켠다.

나는 칼림바 강사다. 2021년, 내 인생 계획에 전혀 없던 일을 하고 있다.

시처럼 살고 싶어
글을 쓰기로 했다

"우리는 이미 시를 쓰기 위한 도구들을 모두 가지고 있다. 모든 것이 선물이다. 이 일에 마음을 다한다면 삶 속 내밀한 이야기들이 당신에게 멈추지 않고 흘러들 것이다." - 〈시처럼 쓰는 법〉 에필로그 中

언제나 '적당히'를 외치며 그저 '적당히' 말하고 행동했다. 책을 좋아한다고 이야기하지만 딱히 한 권을 인생의 책이라고 뽑기엔 너무 '적당히' 읽었다. 그러던 내게 어느 날, 책에 쓰인 글자는 소리가 되어 입을 통해 귀로 들어 왔고, 소리는 다시 글이 되어 마음을 통해 손으로 표현되었다. 이미 나는 글을 쓰기 위해 준비된 것인 양 일상 속 내 감각에 귀 기울이고 있었음을, 내 안의 고통과 기쁨에 마주하는 자세에 대해 인식하고 있었음을 깨닫는다. '나의 일상을 짧아도 감각적으로' 책 카피가 눈에 띈다. 〈EVERY DAY IS A POEM: Find Clarity, Feel Relief, and See Beauty in Every Moment.〉 이 책의 원제목인데 '매일이 시'라고 표현하는 것만으로도 작가 재클린 서스킨에게서 강한 에너지가 느껴진다. TED 영상에서 그녀의 목소리를 듣고 있자니 당당함이 묻어난다. 자전거로 세계를 여행하며 함께 했던 것은 타자기였다고 한다. 책 안에서 소개된 시들은 3분미만의 시간 안에 즉흥적으로 창작된 것이라니 그녀에게 '시'는 매순간의 기록이며 사소한 아름다움을 표현하는 매개체일 것이다. 남들이 가지 않은 길로 방향을 돌린다는 것은 설렘 뒤에 두려움이 존재한다는 것을 의미한다. 하지만 그녀의 얼굴에는 해맑은 어린아이의 천진함이, 그리고 즐거움에 몰입돼 있는 열정이 전해진다.

무심코 흘려보낸 시간과 무심코 지나쳐 버린 공간에서 느낄 수 있는 자유를 모색해 보고자 한다. 그렇다고 일 분 일 초를 쪼개며 계획된 시간을 보낸다는 의미는 아니다. 무의미했던 것에 의미를 부여하고 일상 속 '경외감'을 발견할 수 있을는지는 의문이다. 똑같은 시간에 켜지는 라디오 알람에도 매일 다른 곡이 흐르는 법. 늘 같다고 느껴지는 시간도 다른 의미를 찾는 노력이 필요하다. 이른 새벽, 며칠 동안 이어진 더위를 지나 바람이 분다. 창문을 열고 잠시 눈감고 앉아 있었더니 후각과 청각이 깨어난다. 문득 나희덕 시인의 시 '이따금 봄이 찾아와'를 떠올리고 낭송하는 순간 새소리는 배경음악이 된다. 밤의 터널을 지나 아침을 깨우는 소리는 겨우내 긴 침묵을 깨고 봄이 찾아오는 소리와도 같다. '새로 햇빛을 받은 말들'과 '따뜻한 물속에 녹기 시작한 말들'이 조금씩 들려온다. 새벽부터 부지런히 달리는 버스 소리에 새소리가 답하고 다시 멀리서 버스가 들어온다. 잠시 조용해지면 내 목소리가 주인공이 되고 어느새 자리를 옮긴 새가 무대 위에 오른다. '아지랑이처럼 물오른 말이 다른 말

부르고 있다'는 시구가 딱 맞아 떨어지는 표현이다. 다른 말은 태양을 불러 새벽하늘에게 보내고 희미한 실루엣은 활기찬 풍경으로 답한다.

아침이다. 그냥 지나칠 법한 새벽을 나만의 방법으로 즐겼더니 순간이 시가 된다. 이들 생명체에 나는 나만의 언어로 그것들을 어떻게 연결시키는지 생각한다. 작가 재클린 서스킨의 말처럼 '오감을 열고 글을 써보라'는 조언에 맞게 오감을 의도적으로 열려고 했더니 오히려 힘들어진다. 뭐든 자연스러운 것이 좋다. 내 안의 감정에 솔직하게 반응하는 것이 시를 쓰는 과정이고 표현이 어떻든 이를 통해 '카타르시스'를 느낄 수 있다.

시를 쓰는 법은 그리 어렵지 않다. 고통을 활용해 치유의 시를 쓸 수도 있고, 자신이 했던 일을 떠올리며 기억을 더듬어 글을 쓰고, 기쁨을 발견하며 글을 쓰면 된다. 그리고 하나 더, 결과물에 걱정하지 않기. 내가 쓰고 싶은 것에 귀 기울이고 꾸준하게 쓰다 보면 그 결과가 문제겠는가. 내가 위로 받고 내가 즐기고 만족했으면 그것으로 족하다. 시는 '찬미의 한 형태'(p.165)라는 말에 공감한다. 이 과정을 통해 스스로를 보살피고 삶 속에서 느끼는 기쁨을 적극적으로 표현한다면 나도 찬미의 삶을 살 수 있을 것이다. 내 안의 다양한 감정에 세심하게 반응하고 하나씩 기록한다면 기록이 모여 시가 되고 시가 삶이 되어 남은 생의 의미가 달라질 것이다.

  시처럼 살기 위해 글을 쓰기로 했다. 사각사각 소리 나는 연필로 다이어리에 제목을 한 번 적어 본다. 시처럼 쓰는 법. 〈EVERY DAY IS A POEM : Find Clarity, Feel Relief, and See Beauty in Every Moment.〉 '매일이 시이다. 매 순간 명료함을 찾고, 안정감을 느끼며 아름다움을 바라보라.' 서로에게 힘이 되어 줄 글쓰기 연대가 있다면 더 없이 즐거울 터. '기쁨의 찰나'를 발견하며 함께 하기를 바라며. 글쓰기 프로젝트에 당신을 초대한다.
  #2021년 6월 16일 새벽에 쓰다.

칼 세이건의 코스모스

〈코스모스〉는 우주가 얼마나 크며 우주를 규명하는 것은 현재의 우리 능력 밖이라고 말하며 시작한다. 칼 세이건이 이야기를 풀어나가는 방식을 보면 마치 우주 바깥에서 거대 현미경 같은 도구를 이용하여 자유자재로 우주를 관찰하는 사람이 떠오른다. 예를 들어 우주 전체를 관찰하다 해상도를 점점 높여 지구를 보고 알렉산드리아 도서관을 그리고 에라토스테네스라는 인물까지 들여다본다.

종횡무진 시간과 공간을 뛰어넘는 칼 세이건의 의식의 흐름을 바삐 따라가고 있노라면, 이 사람의 통섭과 통찰

력은 도대체 어느 정도 인가하는 궁금증이 들 정도다. 그렇다고 그는 이 책에서 그의 빼어남만을 자랑하지 않는다. 최대한 대중들의 시선에 맞춰 친절하게 우주를 설명해 준다. 그 친절한 설명에 매혹되어 빠지게 되는 다음 단계는 우주라는 거대한 존재 앞에 인간이 얼마나 미약하고 보잘 것 없는 존재인지 깨닫게 되는 단계다. 우주에는 은하가 대략 1,000억 개가 있고 각각의 은하에는 저마다 평균 1,000억 개의 별이 있다. 우리 은하 안에만 4,000억 개 정도의 다양한 성격의 별이 있다고 하니 얼마나 놀라운가? 광활한 우주 속에 티끌의 부피도 채 되지 못하는 지구. 그 속의 '나'라니. 우주의 위엄 앞에 '나'라는 사람이 가지고 있던 오만함의 실체가 드러난다.

 너와 나의 차이는 무엇이었던가? 내가 저질렀던 오만함 속에 차이를 논하는 무지가 들어가 있다. 칼 세이건은 이 무지함을 깨닫는 자리에 아이러니하게도 허무함 대신 인류애를 집어넣는 마술을 부린다. 우주의 먼지로부터 탄생한 원자가 억겁의 세월 동안 진화라는 가혹한 시험대에서 살아남아 '지구인'이라는 특별한 존재가 되었다. 우리는 모두 그 험난하고도 특별한 과정을 겪어낸 동지라는 점 하나만으로도 충분히 서로를 인정할 수 있다. 차이라고 생각되는 것은 단지 '인간이 되어 감'의 다른 방식일 뿐이다. 이 태도를 확장하면 지구상의 모든 생물에게도 마찬가지로 적용된다. 칼 세이건은 핵산 정보를 단백질 정보로 바꾸는 데 나무와 사람이 같은 설계도를 사용한다는 점에서 지상의 모든 생물은 아무런 차이가 없다고 말한다. 즉, 지구상의 모든 생명체는 각자 저마다의 방식으로 '생명체가 되어감'의 과정을 '함께' 그리고 '치열하게' 겪고 있는 셈이다.

"우주 대항해 시대에 접어들었다." 칼 세이건은 지구 대항해 시대에 빗대어 이렇게 말했다. 콜럼버스 시대에 대서양과 지중해를 거쳐 돌아오는 항해가 3년이 걸렸다고 한다. 이 시간은 보이저 우주선이 지구에서 토성까지 가는 데 걸리는 시간이다. (이 책이 40년 전 지어진 것을 고려하면 지금은 시간이 더 단축되었으리라. 지난 2월 화성 탐사선이 화성에 성공적으로 도착하는 데 걸린 시간은 대략 6개월 정도라고 한다.) 왠지 소름 돋지 않는가? 옛날, 아메리카라는 신대륙을 발견했던 순간이 데자뷔처럼 겹쳐 보일 날이 얼마 남지 않은 느낌이랄까? 앞으로 무엇이 우리를 기다리고 있을까? 영화 '인터스텔라'에서 나오는 것처럼 4차원으로 진화한 또 다른 우리와 만나게 될지, 아니면 정말 지구와 비슷한 행성을 만나게 될지, 혹은 전혀 다른 세계를 마주하게 될지 아무도 모른다. 그 무엇인가가 어떤 것이든 간에 우주에는 우리에게 발견되기만을 기다리는 어떤 것이 있을 거라고 칼세이건은 말한다.

그렇지만 기억해야 할 것이 있다. 바로 이 모든 것들이 지구에 사는 인류 전체를 위한 것이어야 한다는 것이다. 우리의 에너지를 숙음과 피괴가 아닌 지속가능한 삶을 위해서 이용해야 한다는 것이다. 우주적 시야를 갖게 되므로 인해 인간 우월주의는 막을 내리겠지만 끝까지 지켜내야 할 것이 있다면 바로 '인류애'이어야 한다. 우리 개인의 삶도 마찬가지다. 40억 년의 세월에 걸쳐 이뤄낸 '인간다움'과 '나라는 존재의 자부심'을 잊지 않는 것. 칼세이건이 주는 따뜻한 격려이자 메시지이다.

나는 강물처럼 말해요

 자신의 모습이 부끄러울 때가 있나요? 내가 가진 단점이 커서 모든 것을 집어삼킬 것 같은 느낌을 받아 본 적 있나요? 이 책은 말을 더듬는 아이가 자신의 가치를 깨닫는 짧은 여정을 아주 실감 나게 그리고 있습니다. 그도 그럴 것이, 바로 작가가 자신의 자전적인 경험을 바탕으로 썼기 때문이죠.

 이 책은 초반부 주인공의 심리상태를 묘사하는 부분이 으뜸입니다. 주인공은 말을 더듬는 아이예요. 그런 주인공의 발음이 잘 안 되는 모습을 사물의 특징과 연관 지어 그림을 묘사하듯 설명합니다. 주인공은 아침에 일어나서 창밖을 바라봐요. 창문 밖에는 까마귀가 앉아 있는 소나무와 아침 달이 있어요. 소나무를 말해보려 하지만 소나무의 뿌리가 혀와 엉킨 듯 소리가 잘 나오지 않아요. 까마귀를 말해보려 하지만 까마귀 울음소리가 목구멍에 걸려 있어 좀처럼 뱉어낼 수가 없어요. 달이 입술에 마법 가루를 뿌린 탓인지 웅얼거리는 소리만 나올 뿐이죠.

이런 주인공의 심리상태는 글뿐만 아니라 그림에도 잘 나타납니다. 말을 더듬는 자신이 걱정스러운 듯, 멈칫하여 생각에 빠진 모습을 시선 처리만으로 잘 전달합니다. 침대에 앉아 옷을 입다 말고 양치를 하다가 아침을 먹다가 주인공은 수시로 속성해지지요.

교실에서 주인공의 시선과 친구들의 시선이 무척 다릅니다. 또 친구들이 자신에게 집중할 때 긴장해서 머리가 멍해지는 느낌이 표현되어 있습니다. 자신의 차례에 말해야 하는데, 소나무의 엉킨 뿌리와 까마귀의 울음과 달빛이 방해해서 제대로 말을 할 수 없어요. 친구들과 선생님은 그것들을 보지 못해요. 이해하지 못해요. 그렇게 주인공은 자신을 이상하게 쳐다보는 친구들 때문에 슬퍼집니다. 주인공이 슬픔 속으로 침잠하는 듯 눈물이 차올라서 눈앞이 흐려지는 모습을 나타낸 그림에 코끝이 찡해집니다.

책의 후반부에는 이런 마음을 아는 아빠가 주인공을 데리고 강으로 갑니다. 그리고는 중요한 말을 한마디 합니다. "너는 강물처럼 말한단다." 그 말에, 주인공은 눈을 감고 강물을 느껴요. 강물을 온몸으로 느껴 봐요. 찬란하게 빛나는 강물은 굽이치고, 소용돌이치고 부딪치며 흐르고 있죠. 그 모습은 힘차고 아름다워요. 주인공은 강물에 자신의 모습을 비춰 봐요.

그 순간 주인공은 강물도 더듬거릴 때가 있다는 것을 깨닫습니다. 강물은 더듬거리는 순간조차 부드럽고 반짝거려요. 자신이 말을 더듬는 것은 다른 방식으로 말하는 것뿐이지요. 온몸과 소리를 움직여서 다른 방식으로 표현하는 것이지요. 물론 유창하게 말하고 싶을 때도 있지만, 그것은 자신의 모습이 아니라는 것도 알게 됩니다. 거대한 강물의 흐름에 들어가 일부가 되어 보면, 말을 더 듣는 것은 중요한 게 아니라는 것도 알게 됩니다. 그렇게 주인공은 자기 자신과 화해해요. 더 나아가 있는 그대로의 모습을 온전히 그리고 아름답게 받아들입니다.

사람들은 누구나 자기 자신을 불완전하다고 느끼곤 합니다. 이런 모습이 불만족스러워 자신을 마음속 감옥에 가둬버리기도 하죠. 하지만 각자 저마다의 방식으로 어떻게든 회복하는 때가 온다고 생각합니다. 시간이 오래 걸리는 사람도 있고 빨리 이겨내는 사람도 있어요. 어떤 사람은 책을 통해서, 어떤 사람은 사람을 통해서, 또 어떤 사람은 우연히 자신과 화해하는 과정을 거칩니다. 책에서 주인공은 자연으로 자신을 치유해요. 자연이라는 거대한 존재를 마주했을 때, 그 압도적인 광경 앞에 자신과 자신이 처한 환경은 아무것도 아니라고 깨닫는 것입니다. 자연은 그렇게 우리를 마음의 감옥에서 해방시키는 마술을 부려요. 나를 옥죄고 있던 타인의 시선과 기준으로부터 이렇게 자유로워지면 되레 자신이 가진 특별함에 더욱 집중할 수 있습니다. 아이러니하지만 존재의 미약함을 깨닫는 순간이 그 누구도 대체할 수 없는 자신만의 아름다움을 깨닫는 순간이 될 수 있다고 생각합니다. 이 책은 이러한 과정을 구체적이고 시적으로 표현했습니다. 그래서 더 감동을 줍니다.

  나 자신만의 특별한 아름다움을 다시 외쳐볼까요?

  "나는 강물처럼 말해요."

연민의 대화

—

전쟁을 치르고,
〈비폭력대화〉를 읽다.

 날은 흐렸고 몸은 유난히 찌뿌둥한 아침이었다. 전날 운전을 오래 힌 탓인지 잠을 잘못 잔 탓인지 한쪽 어깨는 자꾸만 쑤시고 가슴에 검은 돌덩이를 매단 듯 기분은 축축 가라앉았다. 그런 와중에 새벽 네 시까지 잠을 못 잤다는 신랑의 볼멘소리는 내 짜증을 한껏 돋우었다. 하루밖에 남지 않은 휴일이 아쉽다는 핑계로 밤새 잠 안 자고 소파와 한 몸인 채 TV리모콘만 눌러댔거나 휴대폰만 쥐고 있었을 게 뻔하니 말이다.

그랬다. 그날은 긴 명절 연휴의 마지막 날 아침이었다. 함께 하는 시간이 짧지 않았던 연휴 내내 우리는 종종 으르렁대며 다퉜다. 다른 명절 연휴와 사뭇 다른 점이라면 이번엔 딱히 양가의 방문에서 꼬투리를 잡을 만한 이벤트가 없었다는 것이다. 그럼에도 우리는 서로 기다렸다는 듯이 틈만 나면 발톱을 세우고 할퀴려 들었다. 전날의 피로가 가시지 않은 탓에 몹시 피곤했던 아침부터 다투기 시작해서 오후 내내 침묵으로 일관하다 저녁이면 누그러져 화해하는 패턴이었는데, 다툼은 매번 이전보다 더 격렬해졌다.

그것은 마치 핑퐁게임처럼 공을 서로 주거니 받거니 하는 모양새였는데, 저돌적으로 날아온 공을 되받아 더 세게 후려치기 위해 우리는 각자 만반의 태세를 갖추었다. 상대의 허점을 집요하게 노리고 치명타를 날리는 순간에야 이 난폭한 게임은 중단이 되곤 했는데, 우리는 이것이 '승자 없는 싸움'이라는 것을 잘 알고 있었다. 그럼에도 우리는 이 전쟁을 멈추지 못했고, 번번이 처절하게 패배했다.

나는 깊은 절망과 상실감에 사로잡힌 채 식탁을 정리했지만, 설거지까지 할 힘은 나지 않아 더러운 그릇 무덤을 뒤로하고 책 한 권을 꺼내 식탁에 다시 주저앉았다. 공교롭게도 돌아오는 독서 모임의 함께 읽기 할 책은 마셜 B. 로젠버그의 〈비폭력대화〉이다. 익히 들어왔지만 아직 한 번도 읽어보지 못한 터라 내심 기대하며 주문한 책이었는데 참 시기적절하기도 하지. 이제 겨우 여섯 살 난 아들과의 관계에서도, 결혼 9년 차에 접어든 남편과의 관계에서도 나는 늘 패하고만 있는 중이니 말이다. 우리의 관계 회복을 위해 이 책이 마지막 잡은 끈이 되어주기를 나는 간절히 바랐다. 그러나 한편으론 묵은 관계가 책 한 권으로 무슨 드라마틱한 변화를 맞겠나 하는 회의도 꼭 그만큼 따라왔다. 나는 그렇게 책장을 열었다.

"삶에서 내가 원하는 것은, 가슴에서 우러나와 서로 주고받을 때 나와 다른 사람 사이에서 흐르는 연민이다."

비폭력대화(Nonviolent Communication, NVC)는 다

른 말로 '연민의 대화(Compassionate Communication)'라고 부르기도 한다고 작가는 말한다. 연민이라… 누군가 부부가 무엇으로 사느냐 묻는다면 나는 한 치의 망설임도 없이 답하곤 했다. '연민'으로 산다고. 각자 불완전한 인간으로 태어나 역시 불완전한 세계 속에서 살아가야 하는 존재에 대한 연민. 서로가 서로를 보듬고 살아가는 이유라 여겼다. 물론 이는 부부 사이뿐 아니라 내가 맺는 모든 관계에도 적용되는 것이다. 그래서 작가의 말들이 내게 좀 더 공감의 언어로 다가왔다.

로젠버그 박사는 다른 사람들과 자연스럽게 연민이 우러나는 유대를 맺는 데 도움이 되는 구체적인 대화 방법을 고안해냈는데 이 접근 방식을 '비폭력대화'라고 부른다. 여기서 '비폭력'은 간디가 사용한 것과 같은 뜻이다. 우리 인간들이 서로 어떤 관계를 맺으면서 살게 되어 있는지 일깨워주고, 그것을 구체적으로 표현하면서 살아갈 수 있도록 도우려는 것이다. 책의 첫 번째 장에서는 NVC 모델의 네 단계에 대해 이렇게 소개한다.

- 우리 삶에 영향을 미치는 구체적 행동을 관찰한다.
- 그 관찰에 대한 느낌을 표현한다.
- 그러한 느낌을 일으키는 욕구, 가치관, 원하는 것을 찾아낸다.
- 우리 삶을 풍요롭게 하기 위해 구체적인 행동을 부탁한다.

책의 두 번째 장에서는 도덕주의적 판단과 책임을 부정하는 것이 가져올 수 있는 결과, 삶을 소외시키는 다른 형태의 대화 방법들에 관해 이야기한다. 이 장을 읽으며 특히 나에게 적용되는 부분이라는 생각을 떨칠 수 없었다. 나는 불과 일주일 전에 센터에서 진행된 육아 상담 때 상담사가 했던 말을 기억한다. 내가 육아를 함에 있어서 감정보다 판단이 많이 개입된다고. 그 말을 들었을 때 나는 좀 당황스러웠고, 상담을 받는 내내 너무 감정이 벅차올라 내가 그것들을 잘 설명할 수 없었기에 그녀가 그런 나를 오해하는 것이라 생각했었는데 그게 아니었음을 그 순간 비로소 깨달았다.

나는 매 순간 판단했다. '도덕주의적 판단' 말이다. 무엇이 '옳은 것'이고 '옳지 않은 것'인지, 무엇이 '틀렸고' 무엇을 '해야만 하는지' 아이에게 주지시키기 위해 애쓰곤 했다. 나는 무엇을 느끼고 원하는지를 알아차리기보다 꼬리표를 붙이고, 비교하고, 강요하고, 판단하는 말을 배우면서 자랐고 내 아이에게도 똑같이 그것을 요구했다. 작가는 이를 '삶을 소외시키는 대화'라고 일컫는다. 이것은 위계제 또는 지배/피지배 사회구조에서 시작되었고, 동시에 그러한 사회구조를 계속해서 유지하는 역할을 하고 있다고 한다. 왕, 귀족 등 소수 지배자들이 자신의 이익을 위해 대다수 인구를 통제하려면, 대중이 노예 같은 사고 구조를 가지도록 교육할 필요가 있기 때문이다. 나쁘거나 잘못됐음을 암시하는 도덕주의적 판단으로 생각하도록 훈련을 받을수록, 사람들은 무엇이 옳고 그르고 좋고 나쁜가 하는 판단의 기준을 외부의 권위자에게 구하게 된다. 자신의 내면에서 느끼는 진실보다 남이 나를 어떻게 평가하는가가 더 중요해진다는 것. 이 부분에서 나는 뜨끔했다. 내 모습을 꼭 그대로 표현해 놓은 구절 같아서였다. 내가 양육 받은 방식대로 길러진 내 아이가 그런 모습을 빼닮기를 나는 결코 원하지 않는다. 온순한 하인이나 착한 노예로 길러진다는 것은 참으로 끔찍한 일이 아닐 수 없다. 상담사가 내게 말했던 것처럼 나는 내 선에서 그 연결고리를 반드시 끊어야만 한다.

  책의 세 번째 장부터는 첫 장에서 소개한 NVC 네 단계를 하나씩 나누어 자세히 고찰한다. 작가는 평가와 관찰을 분리하는 법에 대해 언급하면서 평가와 섞지 않고 명확하게 관찰할 필요가 있다고 말한다. 고정적인 일반화를 피하고 진행 중인 변화를 반영하는 언어의 중요성을 이야기하며, 관찰을 표현하는 말은 때와 맥락에 맞게 구체적이어야 한다고 했다. 이를 내 생활에 끌어와 대입해 보건대, 나는 남편에게 '당신은 항상~하다'는 평가의 말을 종종 사용하곤 했다. '늘상 그런 식'이라고 손가락질해대며 비난하던 나에게 그는 얼마나 자주 상처를 받았던가. 나는 매번 감시자 혹은 평가자의 모습으로 일관해 왔던 것이다. 나의 기준과 잣대로 상대를 저울질하려 들었고 그를 함부로 판단하고 평가했다. 그의 마음을 들여다보기 위한 노력은 애써 하지 않았다.

 관찰과 평가를 뒤섞지 말 것. 있는 그대로 관찰하고 때와 맥락을 고려하여 구체적으로 표현할 것. 밑줄을 그으며 마음에 꾹꾹 눌러 새긴다.

 이어지는 장들도 단숨에 다 읽고 싶었지만, 아껴 읽으며 꼭꼭 씹어 내 안에 새기려고 이쯤에서 책장을 덮었다. 읽은 내용들을 내 삶으로 가져와 천천히 적용해보고 싶다. NVC 교육이나 훈련 프로그램도 제법 다양한 것으로 아는데 기회가 된다면 직접 참여도 해보고 말이다. 내가 알게 된 내용에 대해 남편과 함께 대화 나누며 적용해보고 싶지만 쉽진 않을 테지. 하지만 작은 부분이라도 구체적으로 실행에 옮길 수 있는 지점들을 고민해보려 한다. 이번 주에 있을 독서모임에서 멤버들과도 그 이야기를 한번 나눠봐야겠다. 나보다는 그래도 연배가 있는 인생 선배들이니 좀 더 현실적인 대안들을 얻을 수 있지 않을까 기대해 본다.

문정희 시인의 〈남편〉이라는 시에는 이런 구절이 나온다.

'나와 함께 밥을 가장 많이 먹은 남자,
나에게 전쟁을 가장 많이 가르쳐 준 남자'

이 구절만큼 '남편'이라는 자를 잘 표현한 말이 있을까. 그와 나는 앞으로도 무수한 날 동안 함께 밥을 지어 먹고, 수많은 전쟁을 치러야 할 게다. 그와 나를 잇는 것이 전우애이든 연민이든 우리가 마주하는 밥상이 좀 더 따스할 수 있길, 우리의 전쟁이 서로를 할퀴기만 하고 상처만 남기는 소모전으로 끝나지 않길 나는 간절히 바란다.

2030년 9월 15일의 일기

십 년 후의 내가
지금의 나에게

  오전 식사를 마치고 바쁘단 핑계로 그간 미뤄뒀던 서재 방 정리를 시작했다. 책꽂이에 꽂힌 책들을 정리하다가 문득 유난히 색이 바래고 손때가 묻은 책 한 권을 꺼내 들었다. 정말 간직하고픈 책이 아닌 이상 쌓아두는 것을 원치 않아 이미 여러 번 정리한 책장. 그 안에서 살아남은 제법 오래된 책들 가운데 한 권. 헨리 데이비드 소로우의 〈월든〉. 무심코 펼쳐 든 페이지의 글귀를 나는 천천히 읊어본다.

"사람들이 비를 피해 수레와 헛간으로 도망칠 때 그대는 먹구름 아래로 가라. 밥벌이를 일이 아니라 인생의 즐거움으로 삼아라. 땅을 누리되 소유하려 들지 마라. 모험심과 믿음이 부족한 사람들이 자기가 처한 자리에서 벗어나지 못한 채, 농노처럼 인생을 사고팔며 낭비하는 것이다." – 〈월든〉 베이커 농장 中

 굵게 밑줄을 그어 둔 글귀 아래 휘갈기듯 써 내려간 글 속에 내 젊은 날들의 고뇌가 묻어난다. 스무 살 무렵 산책이지만, 그 글을 끼적이던 날은 아마 마흔에 가까운 즈음이었던 것으로 기억한다. 그 시절의 나는 자주 방황했고 종종 설레 님이겠다.
 당차고 자신감에 넘쳤던 이십 대 후반의 혜영은 드라이브를 사랑하는 그녀답게 자신의 마흔 살 생일엔 맘에 꼭 드는 멋진 차를 스스로에게 선물하겠노라 다짐했었다. 중년의 나이엔 아마 멋지게 성공하고 단단한 커리어를 일구어 가고 있을 거라는 막연한 믿음이 있었던 까닭이다. 그랬던 그녀가 막상 마흔에 가까운 나이가 되었을

땐, 자신이 그달의 반찬값이나 계산하고 있는 평범한 아줌마에 지나지 않는다는 사실을 깨닫고 한동안 우울감에 빠져 지내기도 했던 것 같다.

 가진 것 안에서 자족할 줄 알고 돈보다 시간과 경험을 누릴 줄 아는 소박한 삶을 지향하자고 되뇌면서도, 마음 한 켠에는 성공하고 싶다는 욕망과 아직 늦지 않았으니 무언가 번듯하게 이루어 낼지도 모른다는 내 안의 꿈틀거림을 함께 마주하던 그 시절… 나는 그렇게 양 극단을 아슬아슬 오가며 살았다.

 마흔을 누가 불혹의 나이라 했던가. 세상일에 정신을 빼앗겨 갈팡질팡하거나 판단을 흐리는 일이 없는 나이라는데 아니, 누가 또 그랬다지. 그만큼 정신을 미혹케 하는 일이 많아 정신줄 단단히 부여잡아야 하는 나이라 붙은 수식어가 아니겠느냐고. 아마 후자임에 틀림이 없다.

 이제 쉰의 나이를 바라보는 내가 서른아홉의 나에게 건너간다면 무어라 속삭여 줄 텐가…. 성공하고 싶다는 열망도 그저 소박하게 살고 싶다는 열망도 모두 네 것이니 있는 그대로 인정하고 바라봐주라고 이야기하고 싶다. 자본주의 사회 안에서 정처 없이 소로우의 오두막을 찾아다니는 것도 어쩌면 불가능한 꿈일 테고, 그렇다고 인생을 사고팔며 낭비하는 농노의 삶은 살고 싶지 않은 너의 마음도 나는 충분히 이해한다고. 이렇게 어지러운 욕망의 시대에 성공을 향한 꿈은 어쩌면, 가난한 영혼으로 늙어 죽진 않겠다는 꿈보다 차라리 이루기 쉬운 것일지도 모르니.

정답이 없는 인생이지. 너보다 십 년을 더 산 나도 여전히 번뇌하고 후회하는 날들이 많단다. 하지만 네가 열망하는 것들로 괴로워한다는 그 자체가 네 삶을 치열하게 살아내고 있다는 증거일 테니 무엇이 되었든 네 마음의 소리를 좇아가보길 바란다. 인생은 어차피 모험인 것을, 두려워말고 너만의 세계를 구축해 가기 위해 부단히 노력하렴.

네가 발 딛고 서있는 네 삶의 중심에서 진정한 '월든'을 찾을 수 있다면 아마 소로우도 부럽지 않을 테니.

[부록]

거절

엄마를 부르던 너

나사가 풀렸을 때

보이지 않지만 대단해

차라투스트라는 내게 말했다

거절

일을 하며 거절당했을 때 나는 상처 받았었다.
사랑을 하며 거절당했을 때 나는 부서졌었다.
모르는 누군가에게 거절당했을 때
나는 가라앉았었다.
조금 아는 이에게 거절당했을 때
나는 기분이 별로였었다.

어른인 나도 거절이 이렇게 싫은데,
아이인 너는 어떨까?
어른인 나도 거절당하면 이렇게 상처 받는데,
아이인 너는 어떨까?

네 세상 전부인 엄마에게 받는 거절이란
네 세상 모두를 거절당하는 것처럼 느껴졌을 테지.
아~ 아이야.

좁디좁은 내가 너의 세상이라는 게 미안하고, 민망하다.
나 같은 사람이 아니었다면 좋았을 텐데.

내 탓을 하지만 나는 안다.
결국 내 세상을 넓히는 방법 외엔 없다는 것을.
그게 유일한 해결책인 것을.
지금 나는 조금 두렵고, 힘들지만
내일 나는 너를 위해
있는 힘껏 다시 세상을 넓혀볼 것이다.
너의 세상을 넓혀줄 것이다.

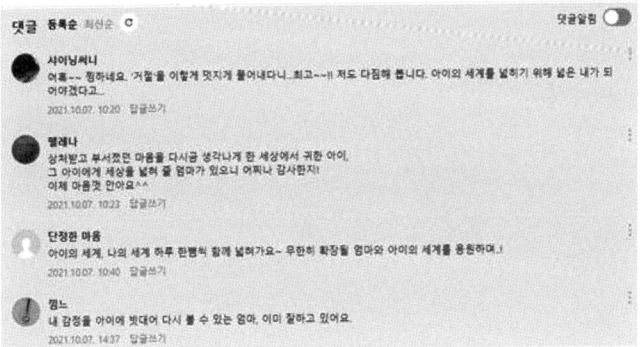

엄마를 부르던 너

'엄마, 안아줘.'
하던 녀석이
'엄마, 문 닫고 나가줘.' 한다.

'엄마, 도와줘.'
하던 녀석이
'엄마, 내가 알아서 할게.' 한다.

엄마는
녀석을
닫힌 문 앞에서 기다린다.

'엄마…'
하던 녀석이
잠시 침묵을 깨고 꺼낸 말.

'엄마, 미안해.'

엄마는
녀석을
아무 말 없이 꼬옥 안았다.

—

어김없이 오늘도 녀석은,
'엄마, 선풍기 좀 한 곳으로 고정 시켜줘.' 라며 굳이 문밖을 나가고 있는 엄마를 부른다.
어제 엄마는 '야! 네가 좀 해!' 할 것이나 오늘의 엄마는 '엄마가 한 번 보고 싶어 그렇구나!' 한다. 머쓱한 듯 녀석도 웃는다. 그래서 함께 웃는다.

오늘도 사춘기 아이와 고군분투하는 엄마들과 이 글을 나누고 싶다.

댓글 등록순 최신순

뀀느
언제까지나 내 곁의 아이가 "엄마 안아줘, 도와줘" 하는게 아닌데.. 오늘의 육아가 힘드니 자꾸 잊게 되네요.
사춘기 시절이 오지 않았는데 벌써 눈물이 핑.
2021.10.02. 06:33 답글쓰기

사이님써니
어휴~~ 이 글은 다시 봐도 눈물이 핑 도네요.. 아이들이 이제 엄마 필요없어 하는 순간이라니... 지금 애들이 찾을 때 잘 놀아줘야 겠어요~^^
2021.10.04. 13:34 답글쓰기

단정한 마음
닫힌 문 앞에서 녀석을 기다리는 엄마모습.. 뭉클하고 찡하고 여러가지 감정이 밀려와요.. 벌써 출입 금지령을 제 방문 앞에 붙여둔 7세 아들의 사춘기는 미리 상상 하고 싶지 않고 말아죠 😭
2021.10.04. 18:22 답글쓰기

꽃구름
엄마 안아줘, 도와줘 할때 매몰차게 "아빠한테 말해." 그럴때가 있다고 반성하는 중이었는데, 아이가 방금 가족들 다 같이 먹는 자리에 내가 없다고 내 과자를 굳이 챙겨 입안에 넣어주고 가네요. 동생은 언니 따라 과자 채로 물고와서 "먹어" 하고 주고 갑니다. 아~ 나를 눈물나게 하고 감동주는 글이란! 참으로 값지네요!
2021.10.04. 21:41 답글쓰기

나사가 풀렸을 때

나사가 풀렸을 때 나타나는 뚜렷한 증상 세 가지.

첫째, 도서관에서 문자가 온다. 도서 연체를 알리는 문자가 온다.

둘째, 차 시동을 켜면 주유기 모양의 경고등이 깜빡이고 네비게이션이 주유소 검색을 묻는다.

셋째, 멍하게 있다가 화들짝 달력을 들추며 놀란다. '아! 그게 언제였지? 지나갔네…' 그 뿐이다. 노랫말 대로 지나간 것은 지나간 대로.[1]

풀린 나사를 조이려면 방법은 하나, 볼트에 새겨진 그 곡선대로 감겨 들어가야 다시 조여진다. 넘기고 넘기다 더는 미룰 수 없는 때, 다 읽지 못한 책이라도 가차없이 반납을 하고 시동을 켜고 달려가 기름을 채운다.

---

[1] 전인권 4집, 걱정말아요 그대. 드라마 '응답하라 1988'의 OST로 이적이 리메이크 한 명곡이다.

댓글 등록순 최신순

헬레나
지나간 것은~지나간 대로^^ 기름을 채웠으니 다시 고고. 풀린 나사를 조이며 드르륵 드르륵~함께 가봐요♡
2021.10.04. 11:52 답글쓰기

사이닝씨니
** 맞아요 맞아 풀린 나사를 되감는 방법은 그 모양 그대로 다시 감으면 그분~~~ 다시 충전해서 고고!!!
2021.10.04. 13:32 답글쓰기

단정한 마음
나 오늘 똑같은 생각했는데.. 풀어진 나사를 떠올리며 굴을 끄적이다 새로쓰다 하연 중.. 깜짝 놀람요😆
시동을 켜고 달려가 기름부터 채우자—!
2021.10.04. 18:15 답글쓰기

꽃구름
빠듯하고 빽빽하게 살다. 노슨하고 듬성듬성 살때도 있어야죠! 몸이 뭔요를 느껴 그리하는 걸지도 모릅니다 ㅎ 비웠다면 다시
또 기름을 채워 달리면 되지요!
2021.10.04. 21:37 답글쓰기

보이지 않아도 굉장해

Scene 1. 개미

 아들은 매일 아침 어린이집에 가면서 개미집 구멍을 관찰한다. 오늘도 새로운 개미집 구멍을 찾았다며 손짓하며 불러서 가보니 꽤 큼직한 구멍들이 여러 개 있었다. 문득 우리 집에서 아파트 뒷문까지 난 길에 몇 개의 개미집 구멍이 있을까 궁금해졌다. 100m 남짓 되는 거리에서 어림잡아 발견한 개미집 구멍만 해도 족히 몇 십 개는 돼 보였다. 검색해보니 개미의 종류에 따라 집의 구조와 크기도 천차만별이었다. 지름이 50cm까지 되는 개미집도 있고, 보통 깊이는 1~2m까지 들어간다고 하니. 개수와 지름을 함께 고려하여 계산해 보면 우리가 매일 걸어 다니는 땅의 적지 않은 부분을 땅속 개미집이 차지한다고 할 수 있겠다 싶었다. 갑자기 어지러웠다. 우리가 알고 있는 것은 과연 무엇인가? 내가 매일 드나드는 발아래에 이렇게 상상조차 할 수 없는 또 다른 세계가 존재하고 있는데, 하물며 나와 다른 사람의 세계는 어떠하리. 함부로 판단하고 재단하는 내 모습이 부끄러워졌다.

Scene 2. 고래

칼 세이건의 〈코스모스〉에는 고래에 대한 흥미로운 사실이 나온다. 육지에서 살다가 바다로 이동하여 진화한 생물로서, 길이는 30m 몸무게 150t에 이르는 고래도 있다. 고래에게 주목할 만한 점이 있는데, 그들은 청각에 의존한 의사소통을 하는 존재라는 것이다. 고래는 일종의 '노래'를 이용하여 의사소통하는데, 보통 15분 정도의 소리를 지속해서 낼 수 있고, 긴 시간이 흐른 후에 만나도 이 노래를 똑같은 음, 박자, 리듬, 소절로 재현해 낸다는 것이다. 이것을 언어로 간주하면 담겨있는 정보량은 인간의 대서사시인 〈일리아드〉 정도의 분량과 맞먹는 것이며, 이들은 지구상 가장 먼 지점에 떨어져 있어도 들을 수 있을 정도의 소리로 서로 의사소통한다는 것이다. 하나의 세포에 들어 있는 삶을 영위하기 위한 정보가 책

1,000권에 맞먹을 정도라는데, 우리 몸에만 약 100조 개의 세포가 있다. 고래는 어떠하리. 이 거대한 생명체를 이루기 위해 세포 하나하나에 담긴 역사를 우리가 가늠조차 할 수 있을까? 동시에 나라는 보잘것없는 존재를 연명시키기 위해, 내 세포 하나하나는 얼마나 치열하게 작동하고 있을까? 그렇게 따지면 세상에 어느 것 하나 위대하지 않은 것이 없다.

Scene 3. 교살자 나무

우연한 기회로 들은 〈생명의 나무〉의 저자 김태형 선생님의 강의로 처음 교살자 나무에 관해 알게 되었다. 교살자 나무는 땅속으로 뿌리를 내리는 보통의 나무와 다르게, 새의 배설물을 통해 씨를 옮겨 다른 나무의 높은 가지에 뿌리를 내린다. 다른 나무를 숙주 삼아 공중에서부터 뿌리를 내리면서 숙주를 휘감아 성장하는 기이한 형상의 나무다. 교살자 나무가 그렇게 뿌리를 내리다 장성하면 숙주 나무는 죽음을 맞이한다. 평화로운 공생을 추구하는 줄만 알았던 나무도 기생 종이 있다니 가히 충격이었다. 살아남기 위해 서서히 숙주의 몸을 휘감아 숨통을 조인다. 위로부터 치렁치렁 뻗어오는 뿌리 가닥들이 숙주의 진액을 빨아들인다. 가려진 가닥들 속에 감각이 차단되고 어느 것 하나 볼 수 없는 어둠 속에서 생을 마감하는 나무의 아픔을 상상해 본다. 이런 세상이 있을 줄이야. 바로 곁에 있는 나무도 우리가 인지하는 못하는 그들만의 다양한 생존 방식이 있다니. 우리의 인식 너머의 자연은 또 어떤 모습으로 지금을 살아가고 있을까?

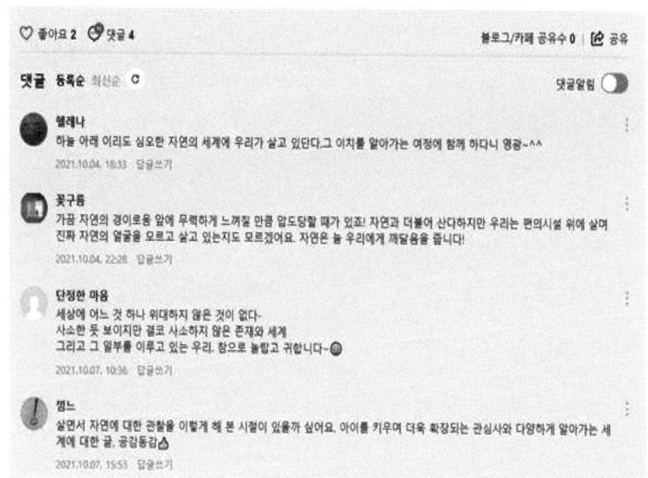

차라투스트라는 내게 말했다[2]

세계와 인간 존재의 이유에 대해

끊임없이 갈구하던 대학 시절

나는 도서관에서 니체를 만났다.

목사의 아들로 태어났지만 '신은 죽었다'고 외친 그가,

성경을 읽으며 끊임없이 회의하고 있는 나에게

어쩌면 한 줄 구원의 메시지라도 던져 줄지 모른다는

기대감에 부풀었던 것 같다.

몹시 애석하게도 그 시절 나의 회의는 깊었으나

내 지식과 사유의 깊이는 너무노 얕았기에

나는 그의 말을 도통 한마디도 이해할 수 없었다.

호기롭게 책장을 펼친 지 한 시간이 채 지나지 않아

나는 그에게 헤어짐을 고했다.

그로부터 이십 년 가까운 세월이 흘렀고,

---

[2] 니체의 〈차라투스트라는 이렇게 말했다〉를 읽고 쓴 글이다. 작품의 문체와 일부 구절을 끌어와 썼다.

이제 마흔 살 중년의 나이에 접어든 나는
니체를, 그의 대변자인 차라투스트라를 다시 만났다.

"차라투스트라여,
그대가 고향을 떠나 산속으로 들어가
십 년의 세월을 보내고
우리에게 지혜를 나누기 위해 돌아왔다고 들었소.
내게도 그 꿀처럼 달콤한 지혜를 나누어 줄 텐가?"
나의 말에 차라투스트라는 의아한 눈빛으로 물었다.
"그대 가련한 영혼이여, 내게 묻고 싶은 게 무엇인가?"
"나는 왜 그토록 젊고 파릇했던 시절에
생을 온전히 누리지 못하고
무거운 물음들을 이고 다녔는지 모르겠소.
생이 내게 좀 더 관대함을 베풀었더라면
그런 물음들을 껴안고 가지 않았을 텐데 말이오?"
격정에 가득 찬 나의 물음에
그는 다독거리듯 답해주었다.
"자네가 구하는 그 지혜가 어디에서 온 것인 줄 아오?

내 도전과 가치의 전복은

바로 나의 삶에서 비롯된 것이라오.

철학이 삶의 전제조건이 아니라

삶이 철학의 전제조건이란 말일세.

그대 인식하려는 자여,

먼저 자네의 삶을 있는 그대로 받아들이고

긍정하는 법을 배우게나."

차라투스트라는 그 말을 마치기가 무섭게

긴박한 외침을 좇아 다시 그의 길을 떠났다.

홀로 남겨진 나는 한참을 그 자리에 멍하니 앉아

그가 남긴 말들을 천천히 되뇌어 보았다.

이윽고 나는 다짐했다.

나를 좀 더 깊이 이해하고

내 삶을 끌어안아 보겠다고 말이다.

나는 이따금 내 지난날들을 꺼내어

가만히 들여다보곤 했다.

얼마 후 나는 그를 다시 만나기 위해

밤낮으로 숲속을 헤치고 다녔다.
그 길 위에서 늙은 마술사와 교황을 만났고,
지적인 양심을 지닌 자와 슬픔에 잠긴 예언자도 만났다.
그리고 마침내 나는
차원 높은 자를 찾아 떠난
차라투스트라를 다시 만났다.

그는 이제 내가 20대의 청년 시절에는
꽁꽁 숨겨두었던 이야기들을 천천히 들려주었고
나는 귀 기울여 들었다.
그는 내게 말했다.
'먼저 너 자신이 되라고.
건강한 너 자신이 되고 너 자신을 사랑할 줄 알아야
세계가 너의 화원이 된다고.'
마흔의 나이가 되고서야 나는 새삼 깨닫게 된 것이다.
나를 둘러싼 화원이 얼마나 넓고 눈부시게 아름다운지.

이제야 나는 비로소 조금 알 것 같다.

내 안의 동굴에 홀로 갇힌 자는

삶에 대한 올바른 인식과 통찰을 구할 수 없다는 것을.

내 틀에서 벗어나 나를 둘러싼 더 넓은 세계를 경험하고

그 속에서의 내 모습을 바라봐야 한다는 것을 말이다.

삶은 고정되어 있지 않고 역동적인 것이기에

우리는 어차피 그것을 온전히 파악할 수 없다.

그리고 진정한 자아가 하나의 실체처럼 존재해서

그것을 발견하고 인식하기만 하면 되는 것도 아니다.

삶은 하나의 과정이고, 나는 지금 그 길 위에 서 있다.

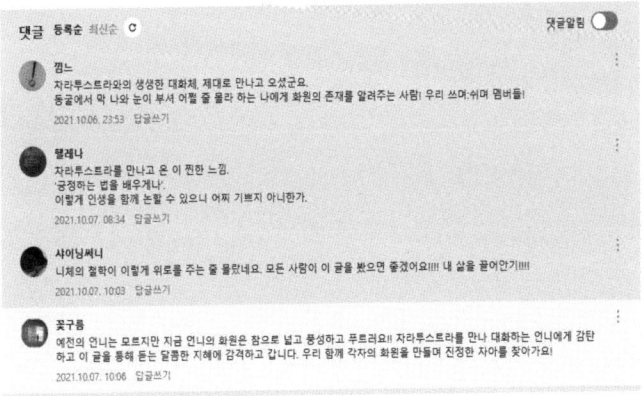